打动人心的
100个经营智慧

日本日经商务周刊 编

任世宁 译

人民东方出版传媒
People's Oriental Publishing & Media
东方出版社
The Oriental Press

图书在版编目（CIP）数据

打动人心的 100 个经营智慧 / 日本日经商务周刊 编；任世宁 译. —北京：东方出版社，2022.7
ISBN 978-7-5207-2803-4

Ⅰ.①打… Ⅱ.①日… ②任… Ⅲ.①企业管理—通俗读物 Ⅳ.①F272-49

中国版本图书馆 CIP 数据核字（2022）第 086482 号

HITO WO UGOKASU SAIKO NO KOTOBA written by Nikkei Business
Copyright © 2019 by Nikkei Business Publications, Inc. All rights reserved.
Originally published in Japan by Nikkei Business Publications, Inc.
Simplified Chinese translation rights arranged with Nikkei Business
Publications, Inc.through Hanhe International (HK) Co., Ltd.

本书中文简体字版权由汉和国际（香港）有限公司代理
中文简体字版专有权属东方出版社
著作权合同登记号 图字：01-2021-1398 号

打动人心的 100 个经营智慧
（DADONG RENXIN DE 100 GE JINGYING ZHIHUI）

编　　者：日本日经商务周刊
译　　者：任世宁
责任编辑：钱慧春　王　萌
责任审校：金学勇
出　　版：东方出版社
发　　行：人民东方出版传媒有限公司
地　　址：北京市西城区北三环中路 6 号
邮　　编：100120
印　　刷：北京汇林印务有限公司
版　　次：2022 年 7 月第 1 版
印　　次：2022 年 7 月第 1 次印刷
开　　本：880 毫米×1230 毫米 1/32
印　　张：10.75
字　　数：180 千字
书　　号：ISBN 978-7-5207-2803-4
定　　价：68.00 元
发行电话：(010) 85924663　85924644　85924641

前　言

　　"商业化"指的是权利人以自由、平等的交换为手段，以营利为主要目的的商业行为。因此，在普通人眼里"经商"这个词就等同于冷血和无情无义。可现实中，每天为商业活动挥汗如雨、辛勤耕耘的却是一群有血有肉、有情有义的人。

　　2019年《日经商务周刊》迎来创刊五十周年。在以往的岁月里，本杂志在追踪报导企业经营活动和全球经济大趋势的同时，一直高度关注日本商界领袖级人物的生存及奋斗状况，报道主要聚焦在"人"身上。在我们看来，无论商界多么错综复杂，说到底矛盾的焦点都离不开"人与人之间的相互接触"。

　　所以，即便是一家庞大的跨国企业，从初创到壮大，每一次进步都离不开"人"的指导，而指导者的领袖才能才是决定公司兴衰以及改变企业命运的关键所在。

　　领导人的每一句话都如同雨水般自然地滋润着大地，必然会浸透到各级组织之中，规范或改变每一个在此工作的人。

　　那么，怎样才能打动一个人的心灵呢？

　　《日经商务周刊》为了解答这个疑问，开办了著名专栏《有训无训》，不仅邀请了日本经济界人士参与，还跨界邀请了学者、官僚以及艺术家等经验丰富的各界顶尖人物登场，他们用充满激情的语言畅谈了从自身失败的经历中吸取的教训以及人生中最值得拥有的宝贵财富等问题。

虽然每次专栏的访谈录只有短短的一页篇幅，但对于如何解读时代、当代领袖何去何从以及如何面对困难与挫折等敏感话题，受访者用常年积累的经验一一做出了解答。他们讲出的每一句话既含蓄又意味深长，句句发自肺腑，言之凿凿。

受访者中有索尼公司创始人井深大、日清食品公司创始人安藤百福、京瓷公司创始人稻盛和夫等商界名流。这次，《日经商务周刊》从多年连载专栏中精选出 100 篇领袖人物的访谈录编辑成书。

我们相信，无论你从事哪种职业，担任哪级领导，只要能认真阅读这些篇篇锦绣、字字珠玑的访谈录，都会从中获得开阔眼界和改变人生的启迪。

如果我们编辑的这本超越时代、光彩夺目的《打动人心的 100 个经营智慧》能够成为各位读者的某种精神食粮，我们将感到十分荣幸。

《日经商务周刊》编辑部

2019 年 8 月

（出场人物尊称及访谈内容原则上不做任何修改，与访谈录刊登时基本相同）

目　录

第一章　领袖篇

第二章 经营篇

第三章　育人篇

第五章 创新篇

第六章 活法篇

第七章　人生篇

第八章 生存篇

第一章

领袖篇

001 优柔寡断葬送企业大好前程

饭田亮

日本警备安保公司（现西科姆公司）董事长

　　企业家最忌讳优柔寡断。说到底，企业是一个需要不断创新的组织，如果在内部不能形成果敢行事、果断决策的领导机制，就无法完成自身使命。俗话说"当断不断，反受其乱"，如果领导人做事瞻前顾后、不思进取，就会犯下贻误战机的错误，必将给企业造成重大伤害，某种意义上是犯下了不可饶恕的罪孽。

　　观察企业破产过程，其中有一幕场景留给我的印象最深。很多人都面带悔意，嘴里嘟嘟囔囔悔恨自己当时为什么没有积极采取相应的补救措施。当然，造成企业破产的原因很多，既有周围环境的因素，也包括各种不同的历史原因。但归根到底，问题的根源就在企业最高决策人的身上，是他的优柔寡断让企业失去了最后一根救命稻草。其实，优柔寡断并不等同于胆小怕事，搞事业是应该处处小心谨慎，做任何决策都伴随着危机与风险。但是，一旦需要做最后决定，领导人就不能再拖泥带水或犹豫不决了。

一般来说，经营并没有想象中那么复杂，只要我们怀着一颗平常心，就像雨天出门打伞，风天外出披风衣一样，一切顺其自然就好。可是，性格却是天生的，仅凭后天训练无法彻底改变优柔寡断的秉性。如果这种秉性被带到企业的经营上，造成的后果就不堪设想了。因此，在工作中不要只去想"这件事我可能做不好"的理由，一定要努力保持一种不惧挑战、积极向上的心态。现实中，许多成功都是在"不试不知道"的情况下取得的。

以下这件事是我自己的亲身经历，发生在我从事保安工作十年前后。那时，有各种各样的人对我说过，"其实，我与你一样，也想过从事保安事业。"我当场反问他为什么不做时，他却无言以对。腼腆是日本国民的天性，也许是内心隐藏的"失败会成为他人笑柄"的潜在意识束缚了他们创新的手脚，其实正是优柔寡断的性格直接导致他们错失了良机。这种事例在我们日常生活中司空见惯。

避免优柔寡断的前提条件是努力提高预见未来的洞察力。换句话说，就是要充分了解自身企业的真实实力，仔细观察社会的动向，在此基础上持续不断地思考明天或后天自己应该做些什么，并制定出长远的规划。拿我来说，我总是把写有未决事项的卡片放在胸前的口袋里，一旦有时间就会掏出来反复琢磨。例如，在福岛工厂的保安工作中，曾有过传感器内制化问题一直悬而未决，为此我反复掏出卡片思考解决方案，前前后后花了不少时间，终于找到了合适的产品，及时购进后彻底解决了该难题。

在六七年前，我们开辟了家庭保安产业，但该事业一直不温不火，只在缓慢地推进中。其实，不温不火的原因是我们一直等待着电脑性能的提升和整机价格的下降，以及忙于全国家庭保安网络的组建等。这是"蓄而待发"，与优柔寡断的性质截然不同。企业领导人的主要工作就是在审时度势的基础上及时做出最终决断，因此，没必要出面处理眼前那些琐碎的事务性工作。因领导人的优柔寡断，哪怕是延误一天做出决断，其恶果必将转嫁到继任者身上，最终只会危及企业的安危。

（选自 1982 年 3 月 8 日访谈录）

参考资料

日本西科姆公司成立于 1962 年，是一家为社会提供电子安全系统、信息技术加工等综合系统服务的高科技跨国企业集团。跻身世界 500 强之列，堪称世界同行之首。1993 年进入中国市场。

饭田亮生于 1933 年。1962 年 7 月设立了日本第一家警备保安公司。1998 年 6 月辞去董事长职务，就任董事局最高顾问，同时兼任日本经济团体联合会常任理事等要职。

002　耳旁响起赞美声时危机早已迫在眉睫

德末知夫

日本帝人公司董事长

行使总裁权力时，会产生一种莫名其妙的优越感。比如，我外出巡视下属工厂，当专车驶入厂区，在行将下车的一瞬间，车门就会被飞奔而来的下属快速打开。此时，大楼正门应该大敞四开，电梯也打开门在静候着我的"莅临"。我仿佛有了像天皇陛下巡游一般的高高在上的感觉，内心飘飘然，好不自在。

但这种光景终会过去，回到总公司的我，不知道为什么总是觉得电梯慢慢悠悠的，就是不下来。在长长的等候中我才恍然大悟，回到现实中，重新意识到"这里是总公司啊"，内心苦笑不已。在公司总部，如果我不亲自按电钮，电梯就不会自动下来，生活中这种情况太正常不过了。因为人在享乐面前十分脆弱，仅仅有过几次巡视工厂的经历就让我产生了所有电梯都应该为自己而动的虚荣心。如果类似情况在日常工作和生活中经常发生，那就是危机来临的征兆。

刚当上总经理时，任何人内心都会紧张，都会谦虚自律。

但是，总经理毕竟是公司领导，周围的人肯定会对你表达出与以往不同的敬意。并且，如果在你的领导下公司业绩稍微胜过前任，就会有人说"他很有实力"之类的话，生意上的伙伴也会不断地吹捧你。

于是，在不知不觉中你被捧上了天，心甘情愿地接受了自己变得"伟大"的现实。但此时此刻的你，不应该因这些甜言蜜语而过分高估自己的实力，应该记住如果缺少周围人的大力扶持，仅凭个人力量是无法胜任企业老总工作的。对于这一点，我在离开总经理职位后，有了进一步的觉悟。

当你领导的公司或负责的部门在工作上取得了一定成绩时，如果你把这些成绩都归功于是"自己干出来的"，这是你的错觉。在这个问题上，我有过沉痛的教训。记得那是我进入公司工作的第 21 个年头，发生在升任合成纤维销售部部长后的事情。由于我领导的部门的涤纶销售量急剧增加，我的自信心急速膨胀。当时，传统纺织部门的人对这种前途未卜的合成纤维态度冷淡，所以，我更想在他们面前炫耀自己的领导才能和"丰功伟绩"。

但值得庆幸的是我很快就幡然醒悟了。因为，事实上无论什么样的人接任这个部长职位，合成纤维的销售势头都会一直上扬。总之，这一切都应该感谢我接手的那粒种子好。做大项目，重要的是选择做什么和什么时候开始做。一旦项目启动，个人所能起到的作用就有局限性了，只能在组织规定的范围内发挥自己的作用。

按常理，以我的资历不可能从科长跃级升为部长，我并没有一鸣惊人的过人才能。我入职时的帝人公司无法与今天相比，还是一家小企业。帝人公司是借助合成纤维大卖的热浪急速成长壮大的，我不过是拼命地随波逐流，勉强跟上了企业发展的步伐。

所有这一切都太正常不过了，但如果你自以为是，认为自己在里面起到了关键作用，这种自以为是的想法就会让你变得鼠目寸光，迷失前进的方向。事实上，许多自诩为名部长、名董事的企业高管就是被这种陷阱牢牢套住，无奈出师未捷身先死。为了避免类似情况发生，即便过了 40 岁，也必须勤勤恳恳、尽心尽力地完成好上级交代的每一项工作，绝不能躺在功劳簿上睡大觉。我清楚地记得，大屋前总经理在推进合成纤维企业化的关键时刻，常把这句话挂在嘴边："你们每天都要抽出一两分钟远离工作去深入思考，每月都要安排一两次机会远离工作去广泛考察。"

一旦企业领导人眼中只剩下自己，他就变得无可救药了。所以，我为大家献上一计，请你们一定要牢记，当周围的人开始为你大唱赞歌时，危机已迫在你的眉梢。此时此刻，你更要加倍小心。

（选自 1984 年 6 月 25 日访谈录）

参考资料

日本帝人公司成立于 1918 年，是日本著名的跨国企业，日本化纤纺织业巨头之一。1993 年进入中国市场。

003 接班人更需要继承创业者的勇气

梁濑次郎

日本柳濑公司总经理

败家子！不肖之子！在父亲的一片骂声中，我接下了总经理的大印，那是 1945 年 5 月底东京遭遇大空袭之后的事情了。因为自己经营的工厂和住宅都在空袭中被烧毁，父亲彻底失去了经营企业的热情。

1916 年父亲离开三井物产公司，白手起家做起了进口汽车的生意。他对我接任总经理一事始终犹豫不决，最后只能勉强对我说："假如你能把公司经营得比现状好那么一点点，我就承认你是第一代创业者，才会打心眼里看得起你！"也许他做梦也没想到，他口中的败家子竟然拯救了这家公司。

当时我才 29 岁，对自己一点自信也没有。在炮火连天的岁月里，我们过着有今天没明天的苦日子，对未来根本不抱任何幻想，更没心思去描绘当时看上去不切实际的重建蓝图。我们在被烧成废墟的工厂里的混凝土上铺上席子，艰难地熬到了战争的结束。战后，作为总经理，我做的第一笔生意是生产和销售木屐和平底锅。我把产品装在手推车上，拉到上野地区去叫卖。那时，我耳边时常回响起父亲对我常说的那句话，"你这个败家子连武田胜赖（日本战国时代臭名昭著的败家子——译者注）都不如！"也许正是这种叛逆心与不服输的精神成了我前进的动力。

40 年后，公司成长壮大了，不仅包揽了全日本 60% 以上的进口车业务，销售额和员工数的增加规模也是前者无法比拟的。仅此一点，或多或少也满足了我的虚荣心。但当我回顾长达 40 年的总经理生涯时，内心还是有一种空落落的寂寞感，总觉得差了点什么，仍然不满足。我甚至怀疑自己是否真的超越了父亲，对公司前途依旧感到某种不安，这种情绪始终无法从心头彻底抹去。

过去，在轿车全面普及之前，我曾推出过自带车库的公寓项目，我把它命名为"车库公寓"。但是，由于遭到与父亲同辈的那帮公司老臣的强烈反对，该住宅项目仅建设了一栋后就被迫终止了。主要是因为那些人极力规劝我"要重视公司的主业"，而我也无法说服那帮老臣同意。我也曾设立过一家进口打字机的贸易公司，也是因为那帮老臣苦口婆心地劝我要"专心本职工作"，由于拗不过他们，也只能收手不做了。

作为企业二代老总的我，面对那帮老臣的"少管闲事不犯险"的劝诱，虽然多次与他们直接交锋，但始终无法取胜，几乎场场都败下阵来。其实，我的内心是"渴望开辟新天地，渴望取得大成就"的，但无奈只能妥协退让，最终选择了符合老臣们意愿的"安全第一"的经营路线。

我内心空虚，得不到满足，就是因为受到了这种因素的影响。我想，如果换成我父亲那样的第一代企业创始人，即便遭到了企业全体干部的围攻，他也一定会力排众议，有能力强行把赌注押到自己的梦想上。虽然我当了40多年的企业老总，但我还是不得不承认创始人与二代继承人之间的的确确存在着不小差距。即便遭受全体管理人员的强烈反对，但只要自己有信心，就会毅然决然地投身到新事业的开发中去，这才是真正意义上的企业创始人。而安全地继承并全力照看好公司财产，难道这才是我们这种二代企业家或者被称为富二代接班人的重要职责吗？时至今日我还在遐想，假如我具备了第一代企业创始人的那种勇气，今天的公司也许早就在我的手中取得突破性的发展了。

（选自 1985 年 5 月 27 日访谈录）

参考资料

日本柳濑公司成立于 1915 年。从 1920 年起，与美国 GM 搭起合作桥梁，成为其进口代理商，从此开启了欧美汽车品牌的代理业务。目前，是日本最大的进口车代理商之一。

004 世上没有"帝王术"

佐治敬三

日本三得利公司董事长

1990 年，我把总经理职位传给了鸟井信一郎。为此，曾有人问我是否同时也传授了"帝王术"。其实，世上哪有"帝王术"，我从不承认它的存在。我的经验是，让总经理候选人出任不同部门的负责人，让他们在实践中积累丰富的领导经验才是正儿八经的育人方式。如果有人告诉你"帝王术"是传授经营手法和管理方式的秘籍，必要时"会教给你解决问题的方案"，这完全是一派胡言，没有一点可信度，听上去都让人感到恶心。

经营手法和经营技巧五花八门，每位经营者掌握的内容大相径庭，不是随意说教就能教的。由于面临的问题不同，判断方法和得出的结论肯定也迥然不同，所以，即便有心解囊相助，但受助人也未必能消化吸收。

每一个人都不会因旁人的一番说教就轻易地改变自己，更不可能因此而幡然醒悟或茅塞顿开。即便是小学生也不会因家长的一次狠狠责骂就轻易听话或乖乖就范，何况是一大把年纪的成年人，当他听到你劝说"你该这样或你该那样"的话后，也肯定不会立即发生任何改变。其实，我也曾狠狠批评过本公司某些领导干部的不当品行，说过狠话，但收效都不大，也没见到他们有明显的改观。

下面的话可能有点不中听。事实上，人的资质是天生的，虽然后天努力必不可少，但先天不足也很难让你成为一名优秀的管理人才。至少我可以告诉你们的是，那些渴望让"帝王术"为自己指出一条明路的人，根本就不具备成为优秀领导人的资质。

我认为，公司老总应该做的不是把做官心得传授给自己的接班人，而是应该不断地把改革创新的种子遍撒基层大地，让它们在基层遍地开花结果。我们三得利公司的口号是："解放思想，大胆尝试。"这里说的"尝试"，指的就是不断改革创新。

人属性是保守的，绝大多数人都希望"维持现状，避免犯错"。组织机构越庞大，保守风气越严重。很多人在工作中不求改革创新，逐渐地养成了惰性。我把它称为"企业惰性法则"，一直以来我都致力于根除这种惰性。我认为，无论是业务部门是人事部门都必须不断改革创新。

其实，我年轻时经常因强词夺理，受到父亲（鸟井信治郎）的痛斥。无论他让我干什么，我总会找出一百个理由反驳他，经常说："你让我这么做有意思吗?"我是那种喜欢狡辩，动不动就提出反对意见的人。父亲总是唉声叹气地说：

"你总是夸夸其谈，光说不练，只逞一时口舌之快。我真不该把你送去学理科。"

后来，我也注意到了这个坏毛病，就经常告诫自己要"少说话多做事"。我在开会等场合讲话很冲，使得下面的人误以为我很恐怖。其实，我这个人凶是凶了点，但事后绝不会把训人的内容延伸至我对他们的人事考核中。其实，我更喜欢即便挨了训也不气馁，反而会把它变成动力，从此会更积极努力地大搞改革创新的那种员工。对上级来说，这样的人才更难能可贵。

（选自 1990 年 1 月 5 日访谈录）

参考资料

日本三得利公司成立于 1921 年，初创时名为寿屋，1967年正式更名为三得利公司。该公司是日本一家以生产和销售酒精饮料和软饮为主要业务的老牌企业，主营威士忌、啤酒、葡萄酒和健康食品等。占据日本威士忌酒市场 62% 的份额，推出的乌龙茶、啤酒、咖啡等饮品，在日本已连续 20 多年稳居前列。在日本人心目中，三得利是最能代表日本文化的企业之一。

佐治敬三 1919 年出生，1999 年去世。三得利公司创始人鸟井信治郎的二子，小时候过继给母亲的亲戚为养子。大阪帝国大学理学部毕业。

005 领导人应该起模范带头作用

木口卫

日本 World（世界）公司董事长

1993 年 11 月，本公司在大证二部证券市场上市时，有人问我："像'世界'这种大气的公司名称，创业初期，你们是想象到了今天的成就，才起的这种名字吧？"

世界公司创立于 1959 年 1 月，租借了神户市内一栋木质结构的二层民居作为办公地点，开创时只有 5 名员工，主要从事服装批发业务。经过 35 年岁月洗礼，如今它已成为一家销售额超过 1300 亿日元，拥有包括关联企业在内的近 6000 名员工规模的企业。说实在的，能发展到如此地步，甚至连我自己都没有想到过。

我为公司起这个名字的真实理由是，希望超越 national 公司（松下公司）。所谓超越，并不是说在销售额或企业规模上实现超越，而是希望在人才方面，把本公司打造成不输于松下公司的那种人才济济的企业。

我从小就有当商人的梦想，小学毕业后就离家去当学徒。

15 岁那年，我托关系去了上海，一边在粮店打工，一边学习经商。住地附近有一家松下电器公司的电池生产厂，那里有十多名从大阪总公司调来工作的日本员工，他们对像我这样的十五六岁的小伙计也十分礼貌，每次送货时都客气地对我说："你辛苦了！"我内心感到"这是一家超级棒的企业"，小小心灵中留下了美好印象。

某天，我有机会见到那家工厂的厂长，他就是后来成为三洋电机公司创始人的井植熏先生，当时他还年轻，只有三十几岁。对于梦想成为成功的商人而努力工作的我，他经常予以鼓励。从那时起，我就听说了许多有关松下幸之助的故事，也明白了"拥有优秀员工的企业家应该更出类拔萃以及企业家的气量才是决定公司兴衰与成败的关键因素"的道理。虽然我不可能成为像松下先生那样成功的企业家，但我一定要把自己的公司建成一家广受世人称赞的拥有大量优秀员工的企业。

我与现任总经理田崎广敏一起创办这家企业时，就立下了一定要为全体员工起模范带头作用的誓言，决心做到：比员工更努力工作；勤俭节约，不铺张浪费；财务透明，不谋私利。换句话说，我们就是想成为实至名归的"能起到模范带头作用的领导人"。我们也一直努力把这种思想灌输给每一位员工。

公司成立第八年，也就是 1967 年，我们做到了身无外债，并拥有了一栋自家的五层办公大楼。但是，白天上班时间，我尽量不使用二层以上的房间。这是因为当时公司只有五十几名员工，如果办公地点太过分散，就会给到访的客人留下一种本公司人气不旺和缺少活力的印象。对来访的客人，包括总经理在内的所有员工都会大声高喊"欢迎光临"。久而久之，我们博得了外界的"去世界公司心情很愉快"的好评。这种热情打招呼的传统一直保留至今。

创业 30 周年时，我从员工那里收到了感谢信。信中写道："你那无声胜有声的背影，博得了我们的无比信赖，给予了我们巨大的安全感……"这就更让我坚信了自己一直坚持的做法没有错。

近些年来，日本产业界大搞结构调整，许多企业冷酷无情地强行裁员或减薪，严重破坏了企业与员工之间的信赖关系。这种严峻的形势更让我深深地感到在企业里"领导起模范带头作用"的重要意义。

（选自 1994 年 4 月 1 日访谈录）

参考资料

日本 World（世界）公司成立于 1959 年 1 月。主要生产和销售服装、女鞋、小饰品和杂项商品。同时，从事商业家具的进出口、餐饮（咖啡店）店的经营等业务。此外，该公司经营的电子商务商店在日本国内广受欢迎。

006 耐心细致、通俗易懂就是领导力

前田胜之助

日本 TORAY（东丽）公司董事长

如何才能有效地发挥领导力是一个非常复杂的问题。它涉及的面很广，其中也包含了各种各样的因素。但对我来说，用理论武装自己的头脑，耐心细致地做思想工作以及通俗易懂地表明态度就是发挥了自己的领导力。自 1987 年我接任总经理一职以来，就立即着手对以往"脱纤维化"的经营方针做出了 180 度的转变。外界也许认为我的领导手腕太霸道，但实际情况恰恰相反，如果说我的领导方式过于蛮横无理，就不会有那么多人甘愿跟着我一起干了。

接任总经理的那一年，恰逢 1985 年日美签订了广场协议后日元开始大幅升值，日本经济不景气，处于不断下滑的那段日子，东丽公司的纤维业务也出现了巨大赤字。在当时的纤维行业，纤维业务所占营业比率越低的公司越被视为优质企业，包括我们公司在内的许多企业都紧随这股浪潮，积极推行脱纤维化战略。但此时此刻，我却与这种浪潮大唱反调，为东丽公

司的改革事业，大胆质疑了该项战略，提出了"我们没有必要搞脱纤维化战略"。我据理力争，耐心地对内展开了说服工作。

放眼包括发展中国家在内的世界市场，纤维产业仍然是成长性较高的产业，成长中心位于东南亚。如果我们能把东丽公司多年积累的技术和生产能力以及销售经验等转让给曾经饱受日本战争灾难的东南亚各国，这将是东丽公司对国际社会做出的贡献，也是很有意义的一件事。所以，仅仅是为了推行脱纤维化战略就轻易抛弃了东丽公司的宝贵财产，我认为这个错误很严重。于是，我花费了大半年时间，就加强纤维事业以及积极推广海外战略转移的重要意义在公司内部开展了耐心细致的说服工作。

大船要掉头驶向相反方向，船上的乘客必然会产生强烈的抵触情绪。要想一下子就改变已经养成的"脱纤维化"习惯，就必须对全体员工做耐心细致的思想工作。我在认真听取并充分理解员工想法的基础上，向他们解释道："你说的意思我都能充分理解，但如今公司的前进方向与你的想法完全背道而驰了。"就这样，我需要一边尊重对方的想法，一边慢慢地把他们引向正确的方向。那时候，我觉得自己从早到晚一直都在忙于与不同的人进行谈话。

我从没读过一本与领导力有关的书，但我知道所谓的领导力就是领导人具备的能够认真听取和愿意接纳对方意见并能让对方充分理解自己想法的工作才能。因为双方的信赖关系就是建立在这种基础之上的。另外，对领导人来说，具备用一句简练的话就能把纷乱如麻的事情简单明了地解释清楚的实力也十分重要。在我那些被称为"前田语录"中，有类似"自助努力""是企业选择国家的时代"等词句。单从字面上看，其含义跃然纸上，让人一目了然。

当然，若想让自己思路清晰，表达方式通俗易懂，就需要强大的专注力。此外，经营者一旦说出口的话，应该保证十年不变，只要大方向无误就行。正因为掌握了世界纤维产业的现状，我更坚信未来十年纤维产业仍然是我们事业发展的主轴。

去年我转任了公司董事长。在担任十年总经理期间，我只做了一件大事，就是在上任之初制定了"战略大转移"的方针，然后全力以赴认真"贯彻落实"了该项工作。我的切身体会是，总经理身上应该具备的执行力和领导力不是通过对书本的学习就能被轻易掌握的，也不完全依赖于与生俱来的天资，它更需要方方面面的积累。因此，只要拥有坚定的意志，通过艰苦的努力，就一定能够完善自身的领导力。

（选自 1998 年 3 月 16 日访谈录）

参考资料

日本 TORAY（东丽）公司成立于 1926 年，是世界著名的以有机合成、高分子化学、生物化学为核心技术的高科技跨国企业。在全球 19 个国家和地区拥有 200 家附属企业，年销售额 120 亿美元，员工总数 35000 人。

前田胜之助 1956 年进入东丽公司。成为掌门后，在经济形势极其复杂和困难的情况下，多次带领公司摆脱困境，渡过危机，并抓住机遇将公司做大做强，把原本名不见经传的东丽公司发展成为日本屈指可数的大企业。

007 展现活泼开朗和活力四射的精神面貌

樋口广太郎

日本朝日啤酒公司名誉董事长

做企业老板应该具备什么条件？不用说，首先需要的是果断的决策力。但我认为，活泼、开朗和谦虚也是必备的条件。此外，保持理智固然重要，但理智过头了，你那一本正经的样子会让周围的气氛变得死气沉沉；看问题也不应该太细腻，否则会让你产生迷茫，变得犹豫不决。自以为聪明的人，更应该时刻防止骄傲自满。

我一贯主张以谦虚之心面对经营。如果上级能表现出愿意虚心听取意见的姿态，下级自然就会敞开心扉，向你提供宝贵的建议和重要的信息。在此基础上，如还能把不利于你的信息透露给你，那就再好不过了。这些都会成为你推进企业改革的宝贵"财富"。

相反，领导人最应该忌讳的是，当下级想向你汇报情况时，你却显示出"这事我以前听说过"的婉拒态度。这么做的结果就是，部下渐渐地就会对你封上嘴巴，关起心扉。久而久之，你就如同一个被拆去雷达的航空管制塔，变得耳聋眼瞎，迷失方向。因为一个领导人如果不能集思广益，不能广泛收集情报信息，就无法制定出正确的改革目标。

此外，活泼开朗和活力四射的领导人会感染下属，激发出他们努力工作的激情。我相信，只要领导与群众能拥有共同的奋斗目标，在领导的"让我们共同努力"口号的激励下，每一位下属都有可能唤起自己潜在的进取心去争取上进。为此，作为领导人，即便是在你工作不顺利或健康出现问题时，或者原本你不属于性格开朗的那种人，也要装出一副开心和健康的模样给下属们看。

人生很奇妙，如果你总是努力表现出活泼开朗、活力四射的精神面貌，久而久之，你的人生就会向好的方面发展下去。也许有人会说我的这种想法过于乐观，但我自己坚信这一点，所以就全身心扑到朝日啤酒的经营上了。在就任总经理之初我就意识到，"如果我的运气好，今后朝日啤酒的业绩也一定会好上加好。"此外，我观察身边的朋友，发现那些性格开朗和活力四射的人幸福指数都比较高。

可以说，今天的日本经济正遭遇前所未有的巨大困难，处于停滞状态中。许多商界人士都深感前途无望，失去了人生的梦想。但是，越是在此艰难时期，我希望日本的企业家越能展示出活泼开朗和活力四射的那一面。说实在的，面对逆境时，心里想的全是前途无望，如此悲观下去根本于事无补，事态也不会自然地向好的方面转变。

实际上，我认为没有必要如此悲观失望。因为我们日本原本就是活力四射的民族，天生就具备自我改造的能力。而且，拥有巨额对外债券和个人储蓄以及高科技水平的日本，今天仍然是世界上屈指可数的经济大国。因此，拥有如此巨大潜力的国家和国民不可能就此一蹶不振。我认为，日本不过是正处于旧经济体系崩溃，新经济体系重生的过渡阶段。

我相信，这个停滞期一定会为我们带来许多新变化，带来更多的发展机遇。我希望大家不要悲观，要认清时代变化，争取把逆境转变为成功的机会。这不正是我们企业掌门人大展身手的绝佳时机吗？

（选自 2001 年 5 月 21 日访谈录）

参考资料

日本朝日啤酒公司成立于 1889 年，是日本主要的啤酒酿制企业，世界著名的酒业公司。1987 年朝日啤酒推出新品朝日舒波乐生啤后，其销售业绩蒸蒸日上，至 1998 年舒波乐单品种销量已经跃居日本第一，世界排名第三，生啤酒销量稳居世界首位。1994 年正式进入中国市场，先后在杭州、福建、烟台、北京、深圳、青岛和上海等地收购或建立合资企业，从而拉开了在中国发展的序幕。据统计，该公司拥有日本啤酒市场 40% 的占有率。

008 经营者应主动承担"说书人"的角色

福原义春

日本资生堂公司名誉董事长

在我担任总经理的十年间，最让我操心的就是如何将公司基因传承下去的问题。

每家企业都有各自不同的企业文化。可以说，它是自公司创立以来通过自身发生的各种不同事件自然形成的惯例与价值观的集大成。其中，既有好的，也有不好的东西。我们必须分清两者不同的价值，争取把优良基因传承给下一代。我认为，这件事对企业掌门人来说，属于重中之重的头等要务。

许多公司是希望通过制定公司的规章制度以及编纂公司的历史变迁，把本公司的创业精神一直传承下去。但我觉得，任何形式都比不上企业掌门人直接用自己的语言亲自向员工进行宣讲的交流方式。当然，这种交流不应该是在正式场合，更多的应该是在双方都能直接感受对方气息的那种充满温情的和睦氛围中进行。诸如，一边喝着小酒，一边畅所欲言地倾述真情。在这种推心置腹的交谈中，公司的基因被一代代传承下去。

在担任总经理期间，我每年都召集 30 多位部长级干部候选人搞集训。白天开研讨会，邀请外部讲师授课。晚上以我为中心，大家围坐一起，你一言我一语展开各式各样的讨论。

在此期间，我也有意识地透露一些公司的内幕。所谓的内幕并不是人们常说的八卦之类的传闻，主要是讲迄今为止资生堂公司经历过哪些较大危机的话题。我告诉他们，在遇到这些危机时，公司的最高决策机构是怎样掌握情况，怎样考虑以及怎样开会讨论并最终拍板决定的。相比于成功的范例，我更多的是向他们介绍那些失败的例子，我希望能把"资生堂的野史"原原本本地灌输给他们，让他们从中获得启迪。

因为在处理发生在我们身边的每一事件时，首先必须按照各种不同的价值，按照轻重缓急排出先后顺序。但在排列先后顺序难以取舍时，我希望我留给他们的企业优良基因能够在此时发挥作用，对晚辈们有所帮助。

也许有人会说，对于企业来说，最大的价值在于提高利润。但是，最近社会上发生的各种企业丑闻使人们强烈意识到，从今往后利益至上主义是不可能让企业长期生存下去或发展壮大的。

当下，我们正处在价值观发生巨大转变的时代旋涡中。有人感叹 1990 年发生的泡沫经济让我们"痛失了十年的宝贵时间"，但我不敢苟同。因为经历过那种虚荣年代的人们终于得出了"人类幸福是不能靠金钱满足"的正确结论。许多日本人开始寻找金钱以外的幸福了，日本社会也趋于走向成熟了。

企业也同样处于这种巨大旋涡中。拓展事业，提高利润，是企业开展经济活动的主体，但这远远不是企业存在的全部。那些不知道为什么存在的企业，会被这种旋涡折腾得筋疲力尽，最终一步一步地走向灭亡。

价值观体系被称为企业的脊梁，要想把这种优秀的遗传基因永久地传承下去，作为企业的最高决策人就必须亲自开展对话活动，制定价值标准，并主动承担起"说书人"的角色，不厌其烦地讲给下一代听。我相信，"说书人"所说出的一切都将成为企业未来的无形资产。

（选自 2003 年 2 月 10 日访谈录）

参考资料

日本资生堂公司创立于 1872 年，是日本最著名的化妆品公司，在全世界拥有众多驰名商标。资生堂的名字源自《易经》中的"至哉坤元，万物资生"，资生堂的含义为孕育新生命，创造新价值。今天的资生堂不仅在日本，在世界范围内也受到众多消费者的喜爱，其产品已在全世界 85 个国家销售，成为亚洲第一、享誉全球的化妆品集团。1991 年进入中国市场。

009　继承人的使命就是把接力棒顺利地传接下去

安部修仁

日本吉野家控股公司董事长

2014年8月底，我完全退出了吉野家的经营管理。虽然名义上还保留着董事长的头衔，但我完全不再参与经营了。因此，2014年12月的牛肉盖饭涨价信息，我只是在现役决策层做出决定后才接到报告的。现在，我已彻底离开了吉野家，在外租借了办公室办公。

从1992年就任总经理时起，我一直认为自己就是一名地地道道的继承者。现在回过头来再看，不知为什么，这种观念依旧如此，甚至更强烈。我非常喜欢吉野家的牛肉盖饭，后来有幸继承了由创始人松田瑞穗先生、公司改制时的财务监管人增冈章三先生等极具魅力人物所创立的这家企业。因此，我心中一直暗暗在想，作为承上启下的连接器，我一定要准确无误地把手中的接力棒顺利地传接下去。

一般来说，当上总经理的人都会想方设法突显自己的特色，为此，就会全盘否定前任做出的大量工作。他们对前任不仅没有心存感恩之念，甚至残忍到不留一丝情义。我是唯美主义者，我本人绝对干不出这等丑陋勾当。我会把前任创建的"资产"完完全全地保留下来，因为我早已被其魅力所吸引了，在他们留下的组织机构和经营阵容中，我工作顺心且舒畅。

但是，有些东西必须跟随时代变化而改变。那么，选择什么标准去衡量呢？我认为，不应该选择短期效益，至少应该把眼光放在三年或五年之后的历史评说上。为此，你必须做好接受眼前毒辣评论的心理准备，只要能耐心地坚持下去，我相信，总会有那么一天，当你回过头再看时，看到的是员工们为你当时的英明决策感到了骄傲和自豪。所以，即便暂时受到社会上的批评，总会有还你清白，予以理解的那一天。做出这种判断正是我这种继承者必须履行的职责和应该发挥的作用。

比如，2003年年底，因疯牛病问题，日本被迫停止了进口美国牛肉。作为总经理，我被迫做出了艰难的抉择。当时，吉野家只单一经销牛肉盖饭，我判断如果不使用美国牛肉就做不出吉野家原汁原味的牛肉盖饭，因此，我才做出了经销猪肉盖饭的最终决定。

同行企业用澳大利亚的牛肉制作牛肉盖饭，有人指出，"为什么吉野家不能这样做呢？"的确，如果想吃牛肉盖饭这种形式的商品，日本遍地都是。但是，如果原材料不同，就必须更改浇汁的成分，那样味道就会发生改变。也就是说，我们会辜负顾客的期待。

　　吉野家的客人都是常年光顾的老客户。许多客人都是冲着"吉野家味道"来就餐的，他们一茬接一茬延续至今。所以，如果给这些人提供与以往不同的牛肉盖饭，他们一定会说味道"变了"，说不定还会大发雷霆。我觉得，这些人才是吉野家的铁杆顾客，我们也一直引以为豪。

　　通过这件事，吉野家对牛肉盖饭的执着程度在消费者中广泛传颂，并获得好评。当然，这不过是结果论。但真正导致产生这种结果的应该是吉野家代代相传的那种决不辜负顾客期待的传统精神。满足顾客的需求是我们工作的重中之重，也是我作为继承者必须履行的职责和使命。

（选自 2015 年 2 月 16 日访谈录）

参考资料

　　日本吉野家控股公司是日本牛肉盖饭专营连锁企业，始建于 1899 年。"吉野家"的名字源于地名，主要经营各式美味日式盖浇饭。其中，牛肉饭和煎鸡饭是吉野家的典型招牌菜。

010　真正的企业家在危机面前绝不会张皇失措

家守伸正

日本住友金属矿山公司董事长

　　2011 年 10 月 3 日，发生了一件足以撼动住友金属矿山公司经营根基的大事件，我们在菲律宾塔盖尼特地区筹建中的镍冶炼厂遭到了当地武装分子的袭击。那时，本公司正瞄准稀有金属产业界"顶级公司"的目标，加速拓展海外业务。塔盖尼特地区的项目在本公司的战略上是不可或缺的，总投资约 13 亿美元（约 1560 亿日元），是豪赌公司命运的大项目。

　　"好像发生了重大事件。"飞机刚在英国伦敦的机场着陆，日本航空公司（JAL）的负责人就马上跑了过来。我迅速走进他们准备好的房间，就看到本公司的一位职员正手握东京发来的传真焦急地等候着我。这时，我才第一次被告知遭受袭击的真相。

　　当时，我担任日本矿业协会会长，正准备出席伦敦金属交易所次日举办的招待会。该晚宴大约有 2000 名本行业相关人士参加，是一场极其重要的国际聚会。日本航空公司当地负责人对我说："我们已经为您准备了 3 小时之后起飞的航班。"但是，最后我决定先待在这里收集相关的信息。

从结果上看，这个决定是正确的。因为当天可以确认的是武装分子只是破坏了设备，没有造成人员的伤亡。而那时留在伦敦，反倒成为我作为企业家人生的一个重大转折点。

在次日的晚餐上，许多耳闻袭击消息的人都对我表示了同情。然而，作为世界上最大的铜生产企业——智利的国家铜业公司（Codelco）的总裁等高层领导们却对该事件只字不提。显然他们对该事件是心知肚明的，尽管不对我直说，但浑身上下都充满了"让我们看看你到底有多大本事"的较劲气息。晚宴上，我们之间只是轻描淡写地闲聊了一些生意场上的琐事。

这件事让我深刻地体会到，真正势均力敌的世界级选手在角逐中绝不应该向对手示弱或试图博取同情。我相信，他们在世界各地也同样遭遇过各种各样的烦心事，但他们绝不可能在外人面前表露出一丝一毫的狼狈。这才是能够站在世界舞台上参与角逐的企业最高领导人的应有姿态。从此我有了一种新的体验。

晚宴后，我在电话里下达了这样的死命令："给我安排与菲律宾阿基诺总统直接对话的日程！我不需要翻译！"因为我相信，即使是我的拙劣英语，在面对面的谈判中也能充分表达出我的决心。

俗话说，"人遇急事意外勇"。这次同阿基诺总统的会面与平时会谈的性质完全不同，因为我方投入了 1000 多亿日元，我必须为此拼了。如果袭击接连不断，人们就会怀疑住友金属矿山公司缺乏管理海外项目的能力，我的经营手腕也会受到质疑。

阿基诺总统当场就做出了承诺，答应确保该成套设备工程以及周边地区的安全，并为本公司向该工程的承建商等相关企业发布施工安全宣言时提供所需的证明材料。

风险早晚会发现。我们虽然要极力规避风险，但不一定能确保把发生概率降为零。当面临一些不可预测的风险时，企业领导人就应该身先士卒，勇敢地迎接挑战。

我的经营理念是"目标必达"、"以身作则"和"克己复礼"，这些理念在应对危机中极大地帮助了我。所以，对于企业家来说，重要的是一定要为自己制定出一套能够规范思想以及衡量行为的准则和依据。

（选自 2015 年 12 月 7 日访谈录）

参考资料

日本住友金属矿山公司创立于 1590 年，是日本住友集团旗下核心企业，日本上市企业中历史最悠久的公司。

011 领导人必须学会倾听 "来自基层的声音"

四方修

日本麦凯乐公司原总经理

我从京都大学法学系毕业后，报考了日本警察厅，当上了一名所谓的职业官僚，在此度过了自己的前半生。之后，无论到哪里工作，我的眼睛都离不开基层，心中时刻铭记一定要努力去倾听那些平时不受关注的来自基层工作人员的声音。

1955 年，警察大学校（大学校：日本省厅等国家行政机关附属的文教设施，不属于学校教育法规定的大学）毕业后，我与同学们一起造访了大阪府警察总部的警务科。接待人员对我们说："虽然你们是来见习的，但我们不会把你们当成见习生对待。"据说这是本部长和警务部长的指示，目的是让我们多吃一点苦，多积累一些基层工作的经验。

第一年，我在交警部门见习。每天晚上一边被狗吼叫着，一边不间断巡逻的警察的英姿，深深地打动了我的心。第二年，我被调到生野警察署工作，担任了搜查一科的股长，成为一名刑警。在大阪府警察局的下级单位中，当时的生野警察署署长被称为最严厉的领导，他命令我说："我们生野署刑事案件破案率很低。你年轻，多吃点苦，争取把破案率搞上去。"

为什么这里破案率低呢？是因为每个月发生的 150 起自行车盗窃案的犯人至今没有落网。尽管多次出现场收集证据，但始终没抓住犯人的马脚。

终于，有一天我现场抓获了一名靠诈骗找零钱来诈骗的男性嫌疑犯，并审问了他。两天的审讯结束后，当我准备把他移交给检察院时，那个男子对我说道："我长年在拘留所和监狱里度过，有生以来第一次接受像您这样和蔼可亲的警察审讯调查。所以，我决定留给你一件大礼。"于是，他就把自行车盗贼的窝点——麻将馆的地址告诉了我。根据他提供的线索，我们一举端掉了该盗窃团伙的老巢。

转型成为企业家后，我依旧继续关注着"来自基层的声音"。在担任了大型流通企业麦凯乐公司（后被永旺集团兼并）的高管后，我走访了全国各地的商铺，认真倾听了来自基层工作人员的声音。所到之处，都能从他们口中我听到有关承包新店设计和装修工程的某家装修公司的坏话，据说那家企业与当时的小林敏峰总经理（已故）关系密切。并且，我还知道了在新商铺的筹建过程中，这家与本公司毫无资本瓜葛的企业负责人的建议在没有得到充分验证的情况下，竟然被本公司无条件地采纳了。于是，我在经营会议上建议："至少应该把该公司纳入联结企业（财务上合并管理）管理。"最终的结果是，我们终止了与对方的交易。

环视我们的社会，造成这种问题的根源是那些"高高在上"的领导人以权力做后盾，完全藐视了来自基层的声音。因此，为了纠正这种不正之风，我们需要更多具有强大领导力的领导人。

有些人批评"教育敕语"（日本明治天皇颁布的教育文件——译者注）是"极权主义"，但我觉得并非全部内容都属于"极权主义"，其中的一些词句我认为在今天仍有很高的学习价值。诸如"相信朋友、恭俭持己、博爱及众"等道德观。其实，它的本意是让我们在工作和生活中谨言慎行，关心和关注身边人。这能说是极权主义吗？

在警察行使取缔淫秽物品的权力时，有些文化人却说："警察根本不懂自由。"为了搞清楚自由是什么，我开始阅读约翰密尔的《论自由》以及古希腊的哲学书籍，并与那些评论家展开了激烈争论。总之，我的想法是，什么都自由不全是好事，什么都平等也不见得全好。

有人说，自由就是我想做什么就做什么。但是二战后，受"外界压力"的影响，日本发生了革命，至此道德教育变得徒有虚名了，我们的社会也不能再静下心来深入思考了。对于这种状态，我一直忧心忡忡。我觉得我们的社会不仅需要自由，更不能缺少那些深谙恭俭持己、博爱及众之道的强力领导人。更重要的是，这些领导人必须学会倾听"来自基层的声音"。

（选自 2018 年 6 月 1 日访谈录）

参考资料

四方修，生于 1930 年 9 月 24 日。京都大学法学系毕业后，进入日本警察厅工作。因处理 1984 年 3 月日本江崎格力高公司总经理绑架案而名噪一时。退休后，担任过关西机场高级董事总经理、综合建筑维修公司日本维护公司总裁等。2001 年 1 月，被任命为麦凯乐公司总经理。

第二章

经营篇

012 抛弃私利但不必放弃私欲

田口利八

日本西浓运输公司董事长

如果我说我在名片夹里写上了自己的人生座右铭，听到这话的人也许会扑哧一声笑出来。"人生最快乐的是一生都能工作，世上最可贵的是为社会奉献而不自傲，世上最忌讳的是撒谎骗人。"这就是我的人生座右铭。为什么不把它装入镜框挂在墙上而非要写在名片夹里呢？是因为我想在每次与人见面时都能看到这句话，希望时刻提醒自己要严于律己。

我始终认为，无论过去、现在还是未来，对企业家来说，最重要的是真正做到"大公无私"和"勿忘初心"。经常有人会说："这纯属个人私事，我想怎么做谁也管不着。因为我做的这一切与我企业家的身份和职责毫无关联。"总之，我不赞同这种说法。我认为公私不能混淆，私生活也要检点，更要立身行己。

即使是动用私房钱做一些不涉及公司业务的事情，迟早也会被客户和员工看到眼里或听到耳中。久而久之，你说得再好听，他们也不会相信你了。我想，如果企业经营者在生活中也能表里如一，员工自然就会追随在你左右；只要你能诚实地工作，客户也不会离你远去。

地位越高受诱惑的机会就越大，这就是当今社会的不良风气。正可谓人有三欲：物质欲、金钱欲和名誉欲。我认为经营者必须学会抑制上述贪欲。总之，无论如何企业经营者都不应该做出让人戳脊梁骨的事，否则不仅会危害自己，也会危及企业，甚至会威胁员工的生活。

时至今日，我仍然使用着那张 40 年前将卡车运输业由个体经营转为法人经营体制时购置的木质办公桌。我之所以这样做，目的正是恪守世阿弥（日本室町时代的猿乐演员、剧作家，留下许多著作和名句——译者注）倡导的那句"勿忘初心"的名言，是想随时随地提醒自己还有许多未竟事业在等待自己去完成。一个人稍微有点成绩，就容易骄傲自满，也喜欢听信小人谗言。我使用老旧的木质办公桌，就是为了时刻提醒自己勿忘过去的艰苦岁月。

我剃了几十年光头，就是为了在伸手触摸光头时，让自己随时随地体会到"无冕"的真实感受以及产生自我反省的心情。迄今为止，我从不觉得自己的事业渺小，因为我心里装的是"全力以赴工作，全力争取利润，全力回报社会"的大目标。所以，为了让员工和股东以及社会都感到满意，我愿意尽心竭力，死而后已。

为了实现这些正确目标，我会一直贪得无厌地工作下去。但是，只要是对公司的繁荣发展有帮助，我也愿意随时交出手中的权力。我会为自己制定出更高的目标，因为我觉得目标越高自己的心劲儿就越大。

以前，岐阜县的武藤嘉门前知事曾对我说过："人的欲望永远割舍不掉，反过来，也没有必要割舍掉。"时至今日，我仍然认同这种观点。

（选自 1981 年 12 月 28 日访谈录）

参考资料

日本西浓运输控股公司创立于 1946 年。主要从事汽车货运业务、普通货运业务、仓储业务、航空运输代理业务、通关业务、国际综合运输业务等。在日本国内汽车货运业排名第六。

013 "企业是社会公器"——这是我用生命换来的箴言

鬼冢喜八郎

日本亚瑟士公司董事长

　　我在创业的第四年和第七年，两次患上了肺结核。第二次发病时，我曾被医生宣告过死亡。医生对我说："照此下去，肺结核迟早会转移到肠道，你的生命最多只剩下一两年时间了，应该马上停止工作住院治疗。"

　　那时，公司已经发展成总资产800万日元，员工人数接近100人的企业，本以为已经度过了创业之初的困难期，到了该收获成果的日子了。那时，公司开发的篮球鞋已风靡日本，正是大展宏图的好机会。所以，我更替自己惋惜。

　　如果人生只剩下一两年时间，为了能保证公司天长日久，我决心在死亡到来之前，每天吃住在公司，尽快培养出合格的接班人。因为我不希望被许多运动员和体育用品店看好的企业与我的生命一起被终结。

　　于是，我搬到了公司在神户三宫站附近的职工宿舍，住进了只有四张半榻榻米大小的值班室里。每天，我把员工叫到自己的枕边，向他们下达指示。不久，结核转移到喉咙无法发声，我就用笔谈方式详细发出指示。我原本是想通过此番操作挑选出合适的接班人，达到目的后再去死。但万幸的是，上天眷顾了我，让我有机会使用了从美国运来的治疗结核病的特效药，两年之后我大病痊愈，身体恢复如初了。

大概是死里逃生的缘故，从此我的思想发生了改变。以前，为了工作我宁愿牺牲家庭，让家人吃了不少苦头。比如，位于三宫的职工宿舍原本是我家的住宅，为了公司我把它推倒翻盖成了职工宿舍，一家人只能挤在宿舍的一个房间里。妻子作为五六十名员工的宿舍管理人，每天疲于管理职工宿舍，这种工作让她不得不放弃了自己的生活乐趣，她每天除了工作还是工作。为此，我非常想建一个完全属于自己的小家。

正当我产生了这种念头时，一天某供货公司的老总带我去三宫站附近的夜总会潇洒，我做梦也没想到世界上竟有这样好玩的地方，我惊叹不已。归途中，我顺路去了那位老板的家，他那漂亮的大房子以及豪华的汽车更让我目瞪口呆了。

同样是老板，怎么差距就这么大呢？我萌生了享受正常老板生活的想法。在我陷入这种梦幻时，不知不觉车子开进了厂区，此时正是公司员工上夜班的时间。"你跑哪里去了？只要熬过今宵，把这批货发出去，我们就将创造公司销售的新纪录。"耳边响起这话时，我才回到了现实中。

不知不觉中我的员工成长了，不知不觉中我的生命变长了，也产生了贪欲，想要大房子，想要高级车子了。望着忙于装箱打包的员工的背影，我内心羞愧万分。

从那一刻起，我下定决心，要把公司变为大家的财产，把百分之七十的股权转给公司员工以及家族以外的股东。当时，公司的股权全部由我们鬼冢家族持有。虽然我常向他们说公司不是我的私有财产，但实际上我从没把公司的资产分配给他们。

最初，我只想与员工各持一半股份，但后来我决定让员工和其他股东持有更多的股权，因为这样才能有效抑制企业经营者的私欲，让企业真正成为社会公器。"公司不属于经营者的私有财产，是社会公器。"这是我死里逃生后，用生命换来的箴言。

（选自 1992 年 7 月 20 日访谈录）

参考资料

日本亚瑟士公司成立于 1949 年。日本田径运动用品生产商，日本著名运动品牌，全球第五大运动品牌。

014　奉献精神助企业成长壮大

神林照雄

日本 KASUMI（霞）公司董事长

　　我虽然是靠经营超市讨生活的，但本人十分讨厌"做买卖"这个词，因为它会给人留下"强卖"的印象，很容易让自己忘掉"顾客才是衣食父母"的现实，难以产生对顾客的感恩之心。1946 年，我从做露天摊贩开始，陆续尝试过许多事业，但无论从事哪种事业，我始终都把为顾客服务当成自己经营的宗旨。

　　我作为药剂军医参与了太平洋战争，那场战争让我彻底改变了自己的人生观。我被派往南方战线，由于联军的进攻和疟疾的传染，许多战友纷纷倒下身亡。我自己不仅得过两次疟疾，而且乘坐的运输船也沉入了海底，在海上漂流了大半天，能够生还简直是个奇迹。那次经历让我更深刻地感受到，"人，如果没有周围的存在，是无法独自生存的。所以，我必须感谢身边所有的存在，并誓言愿意为此奉献自己的一生一世"。

　　复员后，我失去了一切财产。为了养活从朝鲜回国的父母及兄弟姊妹等八位亲人，我开始从事医药的销售工作。最初是露天摆摊，后来在茨城县土浦市的百货商店里租借了一个角落开了一家药店。我家原本就是从事药品生产和批发的，我自己也毕业于京都药学专科学校（现为京都药科大学）。

当时，我身无分文，基本丧失了生活依靠，每天只能靠去附近小饭店讨要一些本该当作垃圾丢掉的鳗鱼头来果腹。尽管生活贫困潦倒，我也没有把做买卖赚钱当成头等大事，对我来说，如何减轻或缓解病人的痛苦才是自己应该优先考虑的大事。

那个年代，连基本生活物资都无法满足，任何一家药店都按照黑市行情高价销售药品，但我从来不哄抬药价，反而会主动向前来购买单价 200 日元药品的顾客推荐具有同等药效的单价 100 日元的药品。虽然卖高价药利润大，但对顾客却没有一点好处。甚至，有时我还会向没钱买药的顾客免费送药。这种销售姿态赢得广泛好评，生意反倒越做越大，常客越来越多。开业十年后，药店销售额迅猛增长，成为茨城县屈指可数的药店之一。

在那之后，我当上了租借给我药店场地的那家百货商店的高管，1967 年担任了"霞超市"的总经理。我始终如一坚持"客户至上、服务四邻、不求暴利"的原则，极大提高了客户对我们的认知度。

实际上，在刚接任"霞超市"总经理时，因无法取得金融机构的贷款,"霞超市"曾一度陷入资金周转难的困境。为此,我不得不挨家挨户走访超市内的豆腐店和纳豆店等小商家,向它们举债。转了一圈后,我筹集了 5500 万日元。我认为,正是因为我"服务四邻"的经营姿态获得了好评和取得了信任,我才有机会筹到了如此巨大的款项。

如今,各行各业相继出现了破产企业,很多人都认为是"经济不景气导致的",他们向外部寻找原因。但我认为,经营恶化的真正原因隐藏在企业的内部。企业经营者把自身利益放在首位是导致公司破产和倒闭的重要原因。任何人的一生中都会遇到几次良机,能否把握住每次机运,关键是要看你能否怀有"感谢四方和服务四邻"的感恩之心。

(选自 1993 年 9 月 6 日访谈录)

参考资料

日本 KASUMI(霞)公司成立于 1961 年 6 月。主要从事食品、家庭用品、服装等商品的零售,是日本一家大型连锁超市。

神林照雄(1921—1995)是日本知名企业家,日本 KASUMI(霞)公司的创始人。1958 年,在西武百货商店内开设了日本第一家自助超市,预示着自助服务连锁店时代的到来。

015 "竞争" 毁灭企业

船井幸雄

日本船井综合研究所董事长

大学毕业后的 38 年里, 我一直从事经营咨询工作。在此期间, 会见过成千上万名企业老板, 我一直与他们探讨"什么是经营"这个命题。直到今日, 我终于得到了自己梦寐以求的答案。一句话, 就是"不搞竞争"。

咨询顾问的使命是帮助企业获利, 如果在公开场合大言不惭地提倡"不搞竞争"的话, 一定会备受指责。一般来说, 战胜竞争对手, 抢夺市场份额, 发展企业经济是企业立足之本, 因此, 众多的企业老板都普遍认同"竞争是好事"这个观点。其实, 以前的我也同样是教授如何在竞争中取胜的那种类型的咨询顾问。

今天的超市兴起于 20 世纪 60 年代中期。从那时起, 流通领域的零售业成了我咨询顾问工作的重点。当时, 美式大型购物中心在世界各地悄然兴起, "从今天起, 家族式的零售业已经没有前途了, 你们已经进入了商业规模决定经营成败的时代。"我告诉那些接受我的咨询指导的零售商，劝他们向大型商铺方向拓展自己的事业。当时的我咨询经验丰富，只要一踏入竞争对手的店铺就立刻能发现它们存在的问题，也能及时找出战胜竞争对手的方式方法。我原本就是争强好胜的性格，很享受在商业竞争中取胜的那种无法用语言表达的喜悦感。

但是，以 1980 年发生的一件事为契机，我断然抛弃了这种主张竞争的论调。那是发生在我被邀请出席日本南九州某城市商工会议所举办的一场讲演会上的事件。当讲演结束后，听众中有四五个人跑了过来，他们说有话要对我说，并邀请我走进了休息室。坐下后，他们一开口就一脸严肃地说："今天，我们是抱着与你同归于尽的决心来的。""由于火车站前新建了一家大型超市，像我们这种一直做小本生意的本地商铺有的被迫关闭，有的被搞得妻离子散。我们听说一个名叫船井的家伙是帮凶，忙前跑后助纣为虐。今天，我们要向你讨个说法。"

他们没说错，那时在南九州主要城市里兴建的大型购物中心，我都是幕后策划者。当时，我认为购物中心经营的商品种类丰富，价格便宜，且深受消费者欢迎，所以，自己的所作所为并没有错，更不会想到自己会遭人憎恨。他们的一番话让我目瞪口呆。

经过一番详细交谈后，虽然我让他们理解了我的用意并不是想让他们生意破产或企业倒闭，但从那以后我的心情却一直无法平静下来。因为我发现除了他们以外，还有很多人都在怨恨我。这种被人憎恨的工作不可能永久持续下去。从那时起，我决定不仅要致力于大型流通企业的咨询指导工作，同时也要积极参与中小商铺的咨询指导工作。而且，咨询指导的内容也不再偏重于协助他们找出竞争对手的不足之处，而是把重点转向如何让他们发挥出自己的特长。

我觉得，如果不从思想上彻底改变把日本经济从相互竞争的关系扭转到合作共赢的关系上，日本的发展就会有局限性。总之，竞争名家给出的结论是：竞争的最高境界是"克制竞争"。也就是说，开展超越竞争的经营才能让企业笑到最后。

（选自 1994 年 1 月 7 日访谈录）

参考资料

船井幸雄，1933 年出生，2014 年去世。日本船井综合研究所创始人。素有日本"经营指导之神"的雅号，是一位非常有名的经营管理顾问。近 40 年经营管理顾问的职业生涯里，致力于"全球构造与规则""人类有之道"的研究，并努力推广"依循自然法""船井流经营法"等。曾担任过日本许多著名企业的经营顾问和企业高管。

016　不自量力的企业没有发展前途

后藤义夫

日本帝国数据库公司董事长

2000年3月，帝国数据库公司迎来百年大庆。我认为，作为一家民间信用调查机构之所以能够走到今天，完全是本公司全体员工一直恪守了"现地现认"（现场发现问题现场处理解决）的大原则，脚踏实地地持续开展调查活动的成果。

在我接任总经理之前，本公司一直维系着家族式的经营体制，我是后藤家的第三代经营者。本公司的业态公共性很强，一直坚持"信用至上"的原则。如果公开发售股权，势必会增加股东，调查工作很难保持中立，这才是我们一直坚持维系家族式经营的基本想法。

当然，我本人也从没有过投入大量资本继续扩大事业的想法。作为一名经营者，最重要的是"量力而为"，对自己的实力要做到心知肚明。

二战期间，在前任总经理的领导下，本公司也曾进入过"旧满洲"和中国大陆的市场，从开办的分支机构的规模上看，那时可以说我们已经挤进了一流企业的行列。当然，一方面这种扩张路线有日本进入中国的历史背景，另一方面好像也是为了让世人认识到信用调查这种行业的重要性，本公司不顾自身实力，做出了不自量力的事情。

我接手工作后，不得不加强了对公司内部的管理。二战后，在劳工争议最激烈时期，本公司也发生过员工罢工，封锁办公现场的情况。那时，工会与资方之间经常出现通宵达旦的谈判。我本人从担任公司二把手时起，就一直承担出面与工会谈判的重任。

继任总经理后，我首先做的是理顺退休制度的工作。当时的法定退休年龄是 60 岁，但公司里仍有部分超过 70 岁的老人继续占着公司高管的位子，他们借口"是前任总经理同意的"。我让这部分人按规定退休了。80 年代后期，曾有过与美国的大型信用调查机构合作的建议，由两家出资成立一家合资公司。但经过与专家们充分论证，结论是这样做就如同被对方收购一般，于是，我做出了撤销合作议题的决定。

一提到信用调查员，大多给人留下的是隐身在电线杆后面偷窥的负面印象。为了清除这种不良形象，我经常告诫自己的员工，"千万不要讲同行的坏话"。因为如果这样做就一定会得到报应。

同时，我还不厌其烦地告诫员工们，"必须在最短的时间里完成内容最充实的报告书，并提交给客户"。因为只有信用调查机构自身的基本功扎实，才能给企业经营加分，也能提高企业形象。我决定放弃个人调查而专注企业调查，某种意义上，对充实调查内容起到了积极效用。

最近，一流名牌大学毕业的申请入职者明显增多了，我也担任了本行业日本数据库协会会长一职。本公司发布的破产统计报告越来越多地被全国性报纸转载，与旧称"帝国兴信所"时代相比，有如隔世之感。

如今，我已把公司决策权交给了现任总经理。今后，本公司还将进军企业信用评级行业。本公司做的信用评级是否公正合理，能否获得社会认可，还要看社会对本公司的信任程度。在这方面，我们更应该对自己有个准确的判断，真正做到"量力而行"。

（选自 2000 年 5 月 29 日访谈录）

参考资料

日本帝国数据库公司成立于 1900 年，是日本第一家世界级别的信息服务公司。1991 年，获得了一年一度的国际数据库交易会的年度优秀奖。在日本有 83 处营业所，雇员超过 4000 人。拥有亚洲最大的企业资信数据库，占有日本 70% 以上的征信市场。

017　通过专心致志工作来提升自我

稻盛和夫
日本京瓷公司名誉董事长

　　内村鉴三的名著中，有一本书叫《典型的日本人》。书中讲述了一个很出名的故事，是关于二宫尊德的。二宫去过几处贫瘠的乡村，仅靠一把铁锹和一把锄头，每天披星戴月、早起晚归，专心致志地劳动，无论去哪里干活，最晚收工回家的总是他。

　　二宫出生于农村，全靠自学成才，他一心扑在农业上。书中最令我感动的是，在被江户幕府录用时，他的言谈举止、风采风貌如同生来就是高贵的人一样。虽然内村并没有亲眼见过二宫，但他认为一定是专心致志地工作才提升了二宫的人格魅力，反过来说，这一切也只有通过工作才有可能获得。

　　我年轻时，曾有一段时间，为是否应该将私生活与工作分开而苦恼过。许多人也许会这么想，工作是获取生存食粮的手段，而人生应该另有去处。这么想真的对吗？

　　就在我迷茫时，偶遇了这本书。从那时起，我逐渐认识到，工作是为了锻炼自己，而把人生与工作分开看待是荒谬的。

抱着把自己在陶瓷领域的研究成果和技术推广到全世界的梦想，我在 27 岁时创办了京瓷公司。从那时起，我就下定了专心致志努力工作的决心。京瓷公司很幸运地成长壮大了，作为创始人的我也受到了广泛赞誉。不知不觉中，我也成为有产阶级的一分子。

我虽然为此兴奋过一阵子（笑），但随之而来又产生了新的疑虑：这又能怎样呢？对我又有什么意义呢？

人死时，生前的名誉、地位和财产都带不走，能带到那个世界的只有自己的灵魂。从此，我又意识到，与灵魂诞生时相比，随着年龄增长，让灵魂变得更美丽才是人生中最重要的事。

"他才是真正的好人！"怎样才能让他人发自肺腑地赞赏你呢？说真的，我家中的书房几乎被宗教和哲学书籍塞得满满的。尽管我读了满满一屋子的书，但这种疑虑还是难以消除。为此，我决定加入禅宗，在家带发修行。

修行使我重新认识到，只要专心致志地工作，心灵就会变得美丽，除此之外别无他法。在禅的世界里，坐禅与努力工作是同等道理，只要我们能摒弃一切妄想与杂念，专心于一件事或一项工作，我们就会在其中历练人格和修炼灵魂。把一生献给振兴乡村事业的二宫尊德，其人格之所以能够升华到如此高度，就是上述缘故吧。

当今世界乱象丛生，让人忧虑重重，为此，人们大力呼吁要改革教育。但是我认为，在谈论教育改革之前，我们更应该把劳动的价值和意义教给孩子们，传授给年轻的一代人。

我相信，只要有更多的日本人能专心致志地完成自己分内的工作，愿意为社会和人类做贡献，21 世纪的日本一定会变得更美丽！

（选自 2001 年 1 月 1 日访谈录）

参考资料

稻盛和夫出生于 1932 年，日本著名企业家、哲学家。1959 年，27 岁时创办京都陶瓷公司，现改名京瓷公司。2000 年，52 岁时创办了日本第二电信公司，现改名 KDDI，目前为日本第二大通信公司。两家公司皆为世界 500 强企业。2010 年，78 岁的他再度出山，临危受命，拯救了濒临破产的日航。

018　母亲送我最完美的礼物是为我奠定了商人根基

伊藤雅俊

日本伊藤洋华堂名誉董事长

我之所以能成为商人，是打理一家小洋货铺的母亲帮我奠定了商人根基。她并没有用语言或文书明确传授我经商门道，是我从日常对话中以及望着母亲的背影，在不知不觉中学会的。

大概还是我上小学的时候，父亲只会花天酒地，父母经常吵架。母亲吵架就会掉眼泪，但只要一出现在顾客面前，她就立刻变得笑脸相迎。如果被顾客看到一张哭丧的脸，他们就会传言"那家店气氛太差"，下次可能就不来购物了。这就是我从母亲那里学到的经商之道。

这是母亲送我的最完美的礼物。她的言传身教让我受益匪浅，她曾教导我说，你的脑袋里一定要时常装着顾客是不会轻易上门购物的，经销商是不会轻易向我们发货的，银行是不会轻易贷款给我们的想法。实际上，从昭和三十年代到昭和四十年代（1955 年至 1965 年），有许多经销商是不给超市发货的，其中包括早晨送的牛奶以及日用化妆品等。当然，名牌商品你更是想都别想。

那时没有担保，银行肯定不会贷款，终于有一天银行肯给我贷款了，但日本经济又陷入了不景气。于是，我只得拼命想办法给银行还贷。可是，让我万万没有想到的是银行负责人竟对我说："在这种情况下，伊藤先生还能努力还贷，真帮了我大忙。"至此，我才第一次知道，世界上竟然有那么多借钱不还的公司。

借贷还钱、收货付款、劳动付酬乃天经地义，是商人义不容辞的职责，这足以证明经营企业并非易事。在我们这个社会，没有哪家企业能像政府那样活得如此惬意，为填补债务大坑，可以任意发行国债。所以，让我刻骨铭心的是，像我这种人所能依靠的只有手中的现金。为此，在日本泡沫经济时期，我没参与过一项投资项目的谈判。

最近，大家都说直接金融比间接金融更容易搞到钱，为此有些企业简单包装一下就上市了。难道他们真的不知道从资本市场筹集的钱也不是白来的道理吗？考虑到要支付税金和分红等，公司在经营上必须赚取比以往更多的利润才行。所以，我觉得上市还不如从银行借贷更划算。

伊藤洋华堂在1972年上市时，我就曾对负责上市工作的证券公司负责人说过，"你们不要把股价定得太高。"他说："您让我大吃一惊。因为我还是第一次碰到上市企业的老板让我压低股价的。"其实，对我来说也是万般无奈，因为我拿了那么多钱基本上无用武之地呀。

那个年代，日本富得流油，已经习惯了客人不招自来，商品不叫自到，银行不问自贷的感觉，似乎遗忘了经商的本质。虽然在零售业中，单品管理、CS（顾客满意）等有关质量管理方面的词语泛滥成灾，但由于抓不住问题的实质，只一味追求技巧，问题变得更错综复杂了。

以前，我只要瞧一眼来客，就知道他需要什么商品；只要看一眼领带样式，就知道他想买什么东西。如今，有些人抱怨商品太难卖了，其实造成这种问题的根源是他们的眼里根本没有顾客。你们觉得我说的对吗？

（选自 2002 年 1 月 2 日访谈录）

参考资料

日本伊藤洋华堂公司成立于 1920 年，是日本主要零售企业。伊藤雅俊生于 1924 年，日本知名企业家。1956 年任洋华堂社长。

019　只有怀揣世界第一的梦想才能使员工和企业成长壮大

高原庆一朗

日本尤妮佳公司董事长

　　本公司生产的卫生巾和纸尿裤在日本国内市场上分别占有40%和50%的份额。在世界市场上，我们与美国的宝洁公司和金伯利·克拉克公司正在展开激烈的竞争。我做梦都想争得世界第一，这是我的真实心情。我认为这是一种"健康的奢望"。我相信这种"奢望"能进一步激发出人的潜力。

　　我没有继承父亲的造纸企业而自创了公司，是因为我从小就有"想成为创业型老板"的强烈欲望。1961年2月，我29岁时创立了建材公司（大成化工公司）。我几乎没有借助父亲的任何势力，仅靠朋友认股而独自筹集了创业资金。金钱是事业经营的血液，从一开始我就不打算靠他人的输血来搞经营。并且，对于那些能力强于自己的人才，无论年龄大小，我都广泛吸纳。

　　我们的建材生意开门红，开业半年后就创下了1200万日元的销售纪录，第二年就突破了1亿日元。虽然开局很顺利，但我丝毫也没有满足于现状。因为我从小就有个梦想，希望"成为日本首屈一指的制造商，让企业上市"。

为了实现这个梦想，我觉得现在经营的木纹水泥板的建材市场规模太小，属于承包性质的生意。于是，我开始努力寻找未来有发展前途的投资项目，而且我希望这个项目能与纸张有关。因为我从小就是看着自家的造纸厂长大的，大学毕业后在造纸厂工作过一段时间，了解与纸张有关的商业技术和专业知识。

因为有了这种强烈意愿，我看中了卫生巾行业。这是在我创业的第二年去美国考察时发生的事情。我在超市里看到了美国消费者毫不顾忌周围人的眼光大大方方地采购卫生巾，这着实让我大吃一惊。这种情况如果放在当时的日本，根本无法想象，因为日本人把买卫生巾视为"很丢脸的事"。同时，我也坚信"这个项目一定能成功"。

有员工曾对我说："做妇女卫生巾的生意，让我们这些大老爷们儿太难为情了。"为此，我劝他们说："人们把它当作见不得人的买卖，其实这种风气本身才污秽不正常。为了根除这种落后意识，让我们生产出好产品，共同努力把生意做到日本第一吧！"

我全身心投入到这项事业当中。后来，我总算有机会参观了当时在日本处于领先地位的安妮公司的卫生巾生产厂，并认真研究了今后的发展方向。虽然安妮公司拥有令人羡慕的高水平生产设备以及覆盖全国药妆店的销售网络，这既是它的强项，但同时由此产生的高成本以及产品质量亟待进一步改善也成了它的短处。我坚信，它"绝对不是不可能战胜的对手"。

就这样，从 1963 年我们开始了卫生巾的生产和销售，仅仅过了一年，就实现了 19000 万日元的销售额。建材部门也完成了 14000 万日元的销售额。1971 年，在我 40 岁时，终于超越安妮公司，登上了向往已久的日本第一的宝座。

从此，我抱着"有志者事竟成"的坚定信念，为了摆脱盲目的低价位竞争，大刀阔斧地进行了质量改革，开发了尿不湿等新产品。索尼公司创始人井深大先生曾经说过："创新源自虚幻的梦想。"我相信，只要牢记梦想，踏实工作，梦想就一定会成真。梦有多大，人生就有多大成就。

（选自 2002 年 2 月 11 日访谈录）

参考资料

日本尤妮佳公司成立于 1961 年。尤妮佳公司是日本生产护理用品的大型企业，旗下有婴儿护理、女性护理、成人护理、清洁护理及宠物护理等产品，是最受日本妈妈们推崇的品牌之一，其特点是环保和人性化。在日本四大品牌纸尿裤中，享有"尿裤之王"的美誉，销量全日本第一。1995 年进入中国市场。

020 挑肥拣瘦是经营失败的根源

小仓昌男

日本大和福利财团理事长

　　大和运输公司的"宅急便"（户对户小包裹收取模式）的货物运输量，时至今日仍在持续增长。持续增长的主要原因不在于送货快、运费低或服务周到等技术层面上，我想应该是在精神层面上。

　　我们的客户千差万别，有希望早上收货的，也有希望晚上收货的，每位顾客的需求都不尽相同。为了适应各种不同类型的客户，送货员必须把自己负责区域客人的要求都记在脑袋里，努力迎合他们的每一个需求。所以，我们必须做到当送货员把货物送达时，让客人嘴里喊出来的不是"大和运输来了"，而是让他们叫出每位送货小哥的具体名字："某某来了。"我们宅急便能发展壮大的根本原因就在于此。如果做生意只考虑自身方便，企业肯定经营不下去。银行就是摆在我们眼前的典型例子。以前，银行不断把钱借给那些主动前来贷款的客户，因此就产生了许多呆账坏账，让他们头疼不已。现在，他们又说："怎么没有人来借钱了？"其实，对银行来说，真实情况是他们认定的合适贷款人没有了。

我也有过对送货挑肥拣瘦而导致经营失败的教训。二战前，本公司在日本关东地区拥有货运网，是日本数一数二的汽运公司。但这种成功反过来也给我们带来了灾难，让我们错过了参与长途运输业务的最佳时机。那时，我父亲小仓康臣是老板，于是我说服了父亲，于 1957 年申请了东京至大阪之间的长途运输执照，与已经在长途运输方面处于领先地位的西浓运输等公司展开了激烈的竞争。

那时，我任营业部长，由于本公司上门收货的实力较弱，我就决定优先考虑大宗运货合同的签订。于是，我吩咐具体负责人拒收那些费时、费力和成本高的零散货物。

结果，销售额是涨上去了，但利润率却降下来了。仔细想想，这是必然的结果。汽运价格的计算方式是：货物越重，距离越长，价格越低。所以，只要大宗货物的长途货运量增加，整体利润幅度自然就会收窄。当我发现这个问题后，才直接导致了特快专递"宅急便"的诞生。

凡事都有利弊。户对户小包裹的个人快递形式让我们无法掌握客人何时、何地发货，收货和配送的效率很低，很多人都认为这项业务不一定能赚钱。所以，没有一家汽运公司愿意进入该领域，日本邮政局一直处于垄断的状态。但与团体客户不同的是，个体客户一般不讨价还价，会用现金全额支付货运款。

于是，我仔细考虑了如何才能消除不利因素后，确信"宅急便"一定会获得成功。成为一名合格领导人需要具备很多条件，但首要条件应该是具备从理论上思考问题的能力。

领导人也要具备说服人的能力。员工们缺乏工作热情，任何事业都不可能成功。在说服那些不喜欢承接户对户小包裹货运的快递小哥时，我对他们说："你们不妨尝试当一回寿司店的大厨吧。"面对坐在柜台前的顾客，他们一边向客人推荐各种美味的烹饪材料，一边手捏寿司卷。只有熟练掌握这种技巧的匠人才配得上寿司店的主角。我告诉他们，你们也要起到这种主角的作用。后来，在收到包裹的客人的一片感谢声中，快递小哥们才真正体会到了参与"宅急便"工作的快感。

从理论上思考，以道德观为基础，通俗易懂地解释与说明。只要能照此持之以恒地坚持下去，就一定能营造出一种良好的企业氛围。

（选自 2003 年 1 月 6 日访谈录）

参考资料

日本大和运输公司成立于 1919 年，是日本汽运行业历史第二长、日本最大的提供送货上门服务的货运公司，市场占有份额高达 41%。

021　向员工转嫁责任是经营者的陋习

小林阳太郎

日本富士施乐公司董事长

　　我在富士施乐公司工作期间，一直认真思考并具体实践了"开展激发员工工作积极性的经营"。出发点是 30 年前那段痛苦的经历。

　　1974 年的石油危机时，本公司在国内复印机市场占有率出现了较大幅度的下降。在那之前，市场占有率一直保持在30%—70%，一下子就跌至 50% 以内。向我们发起攻势的是作为后起之秀的制造商理光公司。

　　为什么客户会被理光公司轻而易举地夺走呢？直接原因是，理光公司向市场投放了既便宜，性能又好的产品，而本公司却简单粗暴地单方面提高了产品价格。随着国内经济形势日益严峻，我们的客户企业的经营也越发艰难。原本此时本公司应该一忍再忍，但现实中，我们却做出了"提高价格，确保既定利益"的误判。

　　当时，商用复印机没有采取直销模式，月租是销售的主流模式。本公司在 1974 年两次上调了租金，两次上涨的幅度加在一起，达到了百分之十几以上，特别是年底前实施的第二次涨租，直接重伤了本公司。

促使公司迈出上涨租金这一步的背景是自以为是的傲慢心态，当时，我们高傲地认为"维持高收益是理所当然的"。在 1971 年美国施乐公司公开复印机主要专利之前，本公司几乎垄断了日本的复印机市场，我们对自己的品牌自信满满。但是，当第二次提出涨价时，我当时作为负责营销工作的常务董事，内心虽然多少也感到有些"不妙"，但最终还是没能提出异议，附和了修改租金的决议。可以说，我本人也过于自信了。

在市场占有率下滑的过程中，我们也没能正确评估竞争对手的实力。理光公司的产品确实很便宜，但与本公司相比，在性能和可靠性上仍然有差距。如果不是这种情况，他们也不可能无视成本核算而故意压低价格搞倾销。这种看法在公司里占据了主流地位。

但是，经过仔细调查才发现，理光公司其实很早就开发出了低价、高能的复印机，并且利润率一直都很高。他们之所以能取得成功，根本在于全面启用了 TQC（企业全面质量管理）。于是，本公司也聘请了东京大学的朝香铁一名誉教授进行指导，制定了全面引进 TQC 的计划。

在经营中引入 TQC 就意味着要正确认识发生在生产现场的事实，在明确优先顺序的基础上制定出相应的对策。也就是说，按照科学、合理的想法，使经营高效化。当时，朝香教授首先指出了干部身上的问题，他说："你们的高级管理人员经常抱怨员工工作不努力，这很不好！"

这句话对我触动太大，真可谓一针见血。因为我心中也一直持有类似的看法，一直在暗暗地琢磨"为什么下级员工会忽视这种强大竞争势力的出现呢？"。听到朝香先生的批评后，我深深地感悟到，"如果不能率先转变那些高居组织上层的高管们的思想意识，就无法制定出在竞争中取胜对手的战略战术"。

从那以后，本公司把合理思考和最大限度发挥人的主观能动性作为企业经营的思想支柱，现在这种理念已经成为本公司的"永恒不变基因"。可以说，三十年前错误被及时发现，对我们来说，重大意义不言而喻。

（选自 2004 年 2 月 2 日访谈录）

参考资料

日本富士施乐公司成立于 1962 年。该公司是日本富士胶卷公司与美国施乐公司各占 75% 和 25% 股份的合资企业，是日本国内和亚太地区开发、生产、销售世界级办公和印刷设备、数码单色及彩色多功能设备以及文件管理软件、解决方案和服务的业界领袖。同时也向全球其他市场提供数码复印机、多功能一体机以及打印机。

022 "未来蓝图"是我手中说服员工的王牌

横川端

日本 SKYLARK（云雀）公司最高顾问

2003 年 3 月，我们兄弟四人（以横川端为首，茅野亮、横川竞、横川纪夫）统一卸下了公司董事之职，集体退出了管理团队。早在 1962 年，我们四人共同创办了云雀公司的前身——长寿食品公司。回忆往昔，作为兄弟，我们并肩战斗了四十多年。

工作中，我们并不总是和睦相处。在没完没了的争论中，吵架总是难免的。有时因为争吵过于激烈，几乎到了连兄弟都没的做的程度。就这样，我们一起磕磕绊绊，走到今天真的太不容易了。

某种意义上，我们应该属于那种本质相同的同类人，所以才能拧成一股绳。如果真到了不可调和的地步，就轮到我出面调解了。谁让我是这四个人中的老大呢。当然，我的兄弟们始终都相信，"到了最后关头，只要大哥出面，问题总会解决的"。总的来说，我这个人性格比较随和，一般不会把自己的意见强加于人。

父亲非常热衷于教育事业，但他去世得早。我很像他，也十分钟爱教育事业。战争结束那年我刚十三岁，从那时起，我们兄弟四人的命运都发生了巨大变化。为了能吃上饭，我几乎辍学了。其实，我们四人都没上过大学。如果能再活一次，我一定会去学校好好深造一番。时至今日，我上学的愿望仍然非常强烈。尽管没有高学历，但我为这项事业赌上了身家性命，甚至都想过通过卖人寿保险来借钱经营。但是，单靠我们自身力量，事业很快就遇到了瓶颈。我们深知要想把公司做大做强，就必须让大学毕业的优秀人才加入我们的经营队伍。我对招募人才投入了巨大精力。

但在创业初期，我们搞的家庭餐厅的经营模式还不完善。虽然大学毕业生中也有对我们公司感兴趣的人，不过他们的家长却强烈反对他们来我们公司工作，一些家长甚至说："送你上大学不是为了让你去食堂端盘子刷碗的。"

于是，我诱惑他们说："我们绝不满足于只搞一两家小餐馆，会不断增加店铺，最终目的是通过饮食文化为世界做贡献。"那时，公司还没有形成规模，甚至可以说连雏形都没有，有的只是一张"梦想蓝图"，因此，没什么人会轻信我的鬼话（笑）。

所以，我只能一个人一个人地劝说，努力挽留他们。我把他们直接带到我们饭店一起吃饭，以此代替面试。"我们现在的规模虽然还小，但我们有梦想，有宏伟的目标。希望你能成为我们的合作伙伴，与我们共同去实现它。"我不厌其烦地劝说每一个人，甚至说得口干舌燥。

于是，那些犹豫不决的人被我的热情所感染，开始动心了。但他们回家与朋友、家人商量后，又变回了原来的态度（笑）。因为他们周围的人会说："难道你真的要拒绝大企业的内定，去那种莫名其妙、完全不靠谱的公司吗？"在我感到有点悬的时候，就立刻给他们打电话，努力挽留他们，我说："有机会再来玩玩吧！"总之，我们之间是双向选择，我们只能是努力劝说，不可能勉强他们。

我决心尽自己最大努力为那些决定加入我们公司工作的人提供最好的工作环境，让他们在这里一生无悔地度过。我们的教育模式就是手把手地教他们，开始阶段，向他们大肆灌输我们的梦想。于是，慢慢地这种创业精神形成了遗传基因，留在了他们的身上，并不断发育成长，一代又一代地传承下去。最近，我才深深地感悟到，其实我一生中最拼命和最钟爱的事业原来就是培育人才呀。

（选自 2005 年 6 月 13 日访谈录）

参考资料

　　日本 SKYLARK（云雀）公司成立于 1962 年，主要经营连锁餐饮业务，是日本连锁餐馆行业的龙头企业，在日本和海外拥有约 4000 家专营店。

023　坚持把"为员工谋福祉"放在首位

冢越宽

日本伊那食品工业公司董事长

虽然销售额和利润率快速增长，但员工的脸上丝毫看不出幸福与喜悦，这样的公司能算是"好企业"吗？我认为它不配。我觉得，员工的幸福必须建立在企业经营稳定和"可持续发展"的状态上。

曾经有一段时间，本公司经营的寒天制品因赶上了全民保健的热潮，需求量大幅攀升。可是，面对诱惑我却一直保持着高度警惕，所以没有因赶时髦追流行而大规模拓展公司业务。这样坚持的结果，到前年为止，本公司连续四十七年保持了增收增益。尽管去年销售额有所下降，但公司还是增发了年终奖。

驱动社会发展需要两种动力，一个是"方向轴"动力，另一个是"前进轴"动力，控制着两种方向性。"方向轴"属自然现象，其本身没有绝对价值。以流行时装为例来形容，就像女人穿的裙子，不过是时而长一点，时而短一点而已。

在经营中，擅长把握"方向"的人被称为生意高手。他们能赶上时髦，并走在潮流的最前端，因此就大赚特赚了。相反的情况是，那些把握不住方向的人只能无奈地跟在后面追赶，因此投资收益肯定不高。

另一个所谓的"前进轴"不属于流行趋势，而是世上所有人都渴望的前进方向。例如，造成全民保健潮的背景是现代人的运动不足和暴饮暴食的习惯，因此，正确的前进方向不是采取强迫节食或依靠药物治疗等减肥手段，而是提供一套完全适合你的运动以及合理的饮食机制。我认为，如果能找出分辨两者的正确方法，就完全有可能把握住经营的方向舵。

我于 1958 年接手了公司的管理工作。以前，我曾因肺结核住了三年医院，病愈后才找到了这份工作。那时，本公司只是长野县伊那地区某木材公司的关联企业，一个生产寒天食品的小工厂。那个年代，我们没时间讲漂亮话，一心只想拼命赚钱。因为无论是外出推销产品还是采购原材料，我们企业既不具备知名度，也没有信誉度。要提高信誉就必须遵守商业规则和信守诺言，在这一点上我们始终坚定不移。

大约过了十年时间，等到公司基本形成规模后，我才有时间深入思考。那时，我考虑得最多的问题是：员工的干劲是从哪里来的？因为我认为员工的积极性才是最大的生产力，而机械设备只能在使用说明书上标识的数据范围内发挥作用，但如果人肯干，他可以放射出无限大的能量。这就是我在经营上把为员工谋福祉放在首位的出发点。

目前，环保问题、资源问题和出生率下降等问题都备受社会瞩目。我觉得作为企业经营者，我们应该主动站出来为社会做点什么，协助社会解决这些难题。于是，我想起了二宫尊德的那句名言，"远虑者富，近思者贫"。他告诫我们，人如果被潮流所左右，就会因贪图眼前利益而身败名裂。金钱的魅力的确很大，如果你身在东京，这种感受会更深刻。但我深知，在信州（日本古代长野县名称——译者注）却有许多东西是金钱买不到的。我从未想过为筹款而公开发售股票。开展"为员工谋福祉的经营"才是我人生的最大满足。我相信，未来这种理念也必然波及全社会。我觉得与其削减员工工资，多交法人税，不如通过提高员工工资多缴个人所得税，这样会给更多的人增加福祉，日本经济也会变得更好。

（选自 2007 年 9 月 3 日访谈录）

参考资料

日本伊那食品工业公司成立于 1958 年，是日本中央内陆地区长野县的一家中小型企业。主打产品"寒天"在日本家喻户晓。

024 不搞花架子，用实际行动让"CS"真正深入人心

樱井正光

日本理光公司董事长、日本经济同友会代表干事

形式上的 CS（顾客满意）与实质上的 CS 效果截然不同。我出差乘飞机时，真正感受到了它们之间的差距。

那是在 1987 年我被派驻英国期间发生的事情。在伦敦机场我走错了登机口，误上了航班。当我听机舱内的广播发现问题时，飞机已经开始滑行了。我当即告诉了客舱乘务员，但她的问话却让我大吃一惊。她说："您准备现在下飞机吗？"我有点半信半疑。但是，她毫不犹豫地联系了驾驶舱，不久，飞机停了下来，舱门被打开，一台吉普车在飞机旁等候着我。

我估计，她的这种举动恐怕连乘机守则上都没有明文规定。考虑到后续手续的复杂性，这件事情过后她也许会受到上级领导的严厉批评吧。尽管如此，她还是站在我的立场上，真心为我担忧，切实为我服务了。这件事让我深深地体会到，CS 不应该只停留在制度上或程序中，而应该深深烙印在每一位员工的心里。

我还有过一次完全相反的经历，那是在 1995 年去美国出差时发生的事情。我在等候从纽约机场前往下一个目的地的航班时，由于机长腹痛，广播说要推迟起飞时间。大屏幕上也显示了新的预定出发时间，每隔 15 分钟就更新一次，足足更新了五六次。没办法，我只得多次给受访单位打电话告知变更的行程。为此，我很恼火，就走到值机柜台前，要求与前台负责人见面。于是，他们就交给我一张 CS 卡，告诉我有意见就写在这上面。我写道："机长因腹痛晚点我可以理解，但你们应该从一开始就告知准确的变更时间。"

大约过了一个月，他们的答复来了。开始时，看到寄信人是总经理，我感到很欣慰，但打开信封后却让我愕然失色。这位总经理完全没有理解我的真实意图，只在信中为因机长腹痛造成出发晚点，表示了歉意。看得出来，这家航空公司只是在 CS 上做足了表面文章，完全没有认真听取顾客意见的思想意识。

提到 CS 时，"顾客视点"这句话常被使用。但我觉得，把它换成"顾客起点"可能更贴切。因为"视点"这个词语的语感里只包含着视线转向了对方后注意到了的意思。

如果换成"顾客起点"的话，就要求实施者必须完全了解顾客的关注点以及烦心的事宜等。这就如同你在收听一台频道不对的收音机，在不了解对方的情况下与其开展对话，双方就无法沟通并产生共鸣。为了了解客户的真实想法，我们理光公司早早就把设计开发人员派往销售第一线，让他们与相关人员共同开展工作。

另外，我还要求销售人员的交接工作必须在客户眼前完成。以前，销售人员工作变动需要交接工作时，几乎都是在本公司内完成的，我认为这种做法不妥。因为只有顾客同意，没有疑虑后，交接工作才算正式完成。就这样，我们站在顾客的立场上，急顾客所急，想顾客所想，彻底纠正了那些顾客不认可的问题。

我们的未来越发扑朔迷离，以往那种舒舒服服就能提升营业额的时代已经一去不复返了。面对困难，过分动摇只会徒增不安与烦恼，所以对我们来说，要集中精力做好眼前的工作，尤其是要进一步完善 CS 活动以及提前解决顾客担忧的问题。我坚信，只要坚持不懈地开展 CS 活动，未来会有更多的商机等待着我们。

（选自 2009 年 1 月 5 日访谈录）

参考资料

日本理光公司成立于 1936 年，是日本著名的办公设备及光学机器制造商，世界 500 强企业。主要生产和销售影印机、传真机、打印机等办公器材以及轻便型数码相机等。

025 经营上应该在"大气量与小算盘"之间保持平衡

铃木乔

日本 ESTE（埃斯特）公司董事长

"大气量与小算盘"是我 2009 年 4 月至 2012 年 3 月重返总经理岗位的三年时间里，一直细细品味的一句话。

企业家经常会在"大气量与小算盘"之间摇摆不定。如果老板不大气，员工就不愿意跟你干。所以，企业家一定要心胸开阔，绝不能小家子气。当然，企业家也不能不关注具体的经营数据，但过分精打细算，老板和员工在精神上都会吃不消。因此，在"大气量与小算盘"之间保持平衡尤为重要。

可是，2011 年 3 月发生的东日本大地震让我产生了收起小算盘，不再做小气鬼的想法。因为我觉得，照此下去日本将一蹶不振，到了我为日本重建出把力气的时候了。

基于此，我们请米基尔在电视上演唱了广告歌《消臭力》，引起巨大反响，宣传了 2011 年 10 月上市的家用放射线测量仪——"空气测量仪"。结果，2012 年 3 月的销售额与上年同期相比增长了 6%，这在当时简直就是个奇迹。

看看其他公司的股东大会情况以及结算报告,大多数的股东大会报告都是以"由于我国的经济状况"这样的文字开头的。他们想说的是,由于世界经济不景气,所以本公司的业绩当然也不理想。但我认为这种理由说不通,因为世界经济不好,所以本公司的业绩就必然不好?如果真是这样的话,那还要我们这些企业家干什么呢?

实际上,综观全世界,我并不认为经济状况有多么糟糕。所以,我对企业家们口口声声都说不好感到不可思议。而且,望着他们得意扬扬地说"由于世界经济整体都不好"的样子,我为他们感到悲哀,如果让我说的话,"是你作为企业经营者没干好"。如今,上下一气都说经济不好,这种风气已经弥漫了整个日本。

景气不比天气,天气不比士气,士气不比人气。埃斯特公司生产和销售的并不是那种景气好购买量就必然增加的日用百货,我们企业生产的都是世界上首创的新产品,比如,能把空气变洁净的商品。说到底,创造需求才是我们的工作。

公司经营者的任务是高举一面鲜明的旗帜,引导员工共同前进。地震灾害后,我作为总经理率先举起了"绝不屈服"的大旗。这杆大旗上不需要多么复杂的语言,只有简单的"跟我一起干吧"一句话就足够了。

同时,对于自己指出的工作方向,在某种程度上总经理应该是这方面的行家。例如,在制作"空气测量仪"时,我一边阅读相关书籍，一边向专家咨询求教。三个星期后，我基本上也能达到半个专家的水平了。

顶着总经理头衔的好处可多了。如果有想了解的情况，只要打个电话说声"麻烦，拜托了"，一般来说，大多数被求者都会不吝赐教。我告诉员工，向他人求教是需要把姿态放低的，当然，我也不例外，也同样需要低头弯腰求教。

企业家要敢于豪赌。老总不强企业不旺。如今这个年代，学校和家庭已经靠不住了，日本的未来只能由我们企业来开创。因此，只有企业变强，日本才能强大。所以，为了员工的未来，已经到了我们企业家挺身而出，彰显豪气，带领员工阔步向前的时候了。

（选自 2012 年 7 月 9 日访谈录）

参考资料

日本 ESTE（埃斯特）公司成立于 1948 年，上市企业。主要经营工作手套和家用手套的采购与销售以及规划和销售商业化学品产品，如除臭剂、空气清洁剂、除虫剂、除湿剂等。

026　世上最值得拥有的是"从失败中吸取的教训"

吉田忠裕

日本 YKK 公司董事长

1972 年，我刚刚进入由父亲吉田忠雄创办的吉田工业公司（现改名 YKK）工作后不久，就被派到本公司在印度尼西亚设立的分公司出差。此次不是陪同父亲出行，而是单独进行考察。当地人得知"吉田忠雄的儿子来了"，所以，欢迎场面异常热烈。他们说机会难得，所以想请我在当地一百多名员工面前讲话。

那时我才 27 岁，顿时感到身上压力巨大。于是，我模仿父亲，讲述了他的经营哲学"善之循环"的故事。

你们觉得效果会怎样呢？当时，会场上鸦雀无声，异常安静，员工一点反应都没有。我听父亲讲过"善之循环"的故事，整个会场都被热烈的气氛所笼罩，很多人听得入迷，有的人甚至热泪盈眶。与其相比，这次经历让我备受打击。

那一刻让我深深地感悟到，无论是多么激动人心的话题，只要讲的不是自己的亲身经历，即便口吐莲花，说得天花乱坠，也不会引起听者共鸣。从那以后，我决定不再模仿父亲的讲演，只讲与自己有关的成功经验或失败教训。

只去简单地模仿伟大创业者的讲话，根本无法打动听者的心。仔细想一想，这是必然的。至于为什么是必然的，许多人都很难领悟其中的奥秘。我觉得，最大的差距就在于缺少实践经验。那么，我们如何才能在工作中掌握那些教科书或工作手册上没有明文记载的知识呢？我想，只能靠自己去尝试，经过屡次失败后才能铭记在心。

当然，不仅在讲演方式上，还有许多知识需要我们自己去慢慢领悟。比如，像今天这样，商圈已经遍布全世界，我们必须与各种宗教和文化背景不同的人开展贸易往来，这种"从失败中吸取的教训"就变得尤为珍贵了。

实际上，YKK 公司已经开展了半个多世纪的海外业务，回顾往事，无论是父亲那一辈还是我们这一辈，都饱尝过无数次失败。

例如，在与穆斯林朋友交往中，当去他们家做客时，如果你故意诙谐地说："您太太真漂亮啊！"顿时，就会失去他们对你的信任。因为，伊斯兰女性除了在至亲面前之外是不能露出面容的，你的诙谐有否定对方文化的嫌疑。

另外，我们可以参照教科书或宣传手册上的资料，在当地建厂或设立分公司，作为我们开展海外业务的根据地。但是，仅仅做出上述努力，我们的海外事业不可能顺利进行下去。我们还需要了解并掌握当地的商业规则以及人际交往等方面的相关知识，在此基础上制定出一整套既符合当地情况，又能获得当地客户和员工认可并自愿遵守的行为准则。这一切只能从失败中学习。

我不知道父亲是否也知道经历失败的重要性。总之，在我的印象中，父亲是一个能说会道的人，一旦站在员工面前开口讲话，听讲人至少要做好听一两个小时的心理准备。为什么他能讲那么长时间的话，就是因为他可以一个接着一个地介绍员工们失败的案例。当然，被讲到的人会如坐针毡。只有共享失败的教训才能让企业变得强大，这才是父亲的真实想法。"无论是批评还是教育，最好关起门来，不要当着众人的面。"尽管我曾多次给他提意见，但他就是听不进去。

我做不出父亲那样的事。我在公司内部另外组建了共享失败的专门体制。我说过，只去简单地效仿伟大的创业者是不可能成功的。

（选自 2013 年 9 月 2 日访谈录）

参考资料

日本 YKK 公司成立于 1957 年，是以拉链事业与 AP 事业为两大经营核心的企业，经营活动遍布全球 72 个国家和地区，企业总数 109 家，其中海外企业就有 91 家。AP 事业分为建筑设计、土木施工以及生产和销售住宅产品、建筑材料、铝合金建材等。

027 避免企业不切实际地快速扩张

加藤修一

日本 KS 控股公司顾问

你们对企业有什么期待？当被问及这个问题时，多数企业家都会说希望企业成长壮大，并且都希望企业发展的速度越快越好。为此，他们会想方设法地调动员工的工作积极性，会向他们不断发出"努力加油干"的行政指令。

但在我担任企业领导的 30 余年里，却大唱反调，一直要求员工们"不必拼命加油干"。我为什么会这样做呢？因为我认为，如果违反常规，不切实际地加速企业扩张，公司经营就会出现问题。以我们所在的行业为例，一般来说，我们向顾客推销的并不是他们希望采购的商品，而是店方千方百计想卖出去的商品。如果为了达到企业快速发展的目的，店长和店员们就只能去刻意追求销售数据了。

热衷于企业快速发展的人会强调说，如果不努力提高效率，企业就无法生存下去。但我的看法恰恰相反。我认为，提高效率无需那种甩开膀子干的努力模式，只需建立起一整套完善的经营管理机制。比如说，20 世纪 70 年代初，本公司也是靠打电话订货的。那时，我就给所有商品都挂上标签，卖出一件商品后就把标签取下放在一起，等积攒到一定程度后，再按标签数量打电话重新订货。

当时，零售业常用的订货方式是，先逐一核查商品数量，然后在确认库存量后订货。我们的做法可以省去这道程序。80 年代，POS 机（销售信息管理系统）一上市，我们就立刻着手引进，进一步减轻了订货的业务量。公司里有许多工作是无效劳动，我觉得我们在这上面浪费了许多宝贵的精力。

工作效率需要通过机制来提高，我们应该把空出的时间用到真正需要做的大事上。比如，店长的重要工作就是听取顾客的要求，在了解和感受顾客想什么和需要什么的基础上，再向他们推荐所需要的商品，这才是零售业的经营之本。

在经营上，最重要的是要做到真正满足顾客的愿望。例如，现在到处都在实行购物积分制，什么东西都可以换积分，试图让顾客产生一种占便宜的心理，用以吸引顾客常来购物。但本公司没有这样做。

我认为，与其实施积分制，倒不如从一开始就以较低的价格销售，反正是背着抱着一般沉。如果给客人积分，就必须事先提高商品售价，这不是客人真正希望的销售模式。说实在的，在几十年前，本公司也曾在内部讨论过是否引入积分制的问题，许多人觉得如果不实行积分制，公司就会在竞争中处于劣势。这种呼声当时十分强烈，一时间我也屈服了，甚至连设备都调试好了，就在具体实施的前夕，当讨论到"积分部分在卖价上该加多少钱"的那一瞬间，我产生了悔意，下决心终止了它。

因为我总觉得这是本末倒置。看似为了客人，但实际情况却不是。最终，几千万日元的投资打了水漂，我反倒觉得超级爽快。今天，本公司在店里实施现金折扣机制，我认为，这种方式才能给顾客带来真正的实惠。

我经常告诫员工："要努力扩大本公司的粉丝队伍。"我们卖的不是赚钱赢利的商品，卖的是顾客想要的东西。听上去这是一句漂亮的空话，但只要真的照此做了，就一定能获得顾客的信赖，提升营业成绩。我不让员工加班，也没有给员工制定过具体的销售定额。我是作为企业创始人的儿子继承了家业，也是我亲手结束了子承父业的家族式经营。但公司的经营是永无止境的，今后仍将一棒接一棒传递下去。同时，我也期待着这种经营思想能够代代传下去。

（选自 2016 年 8 月 22 日访谈录）

参考资料

日本 KS 控股公司成立于 1947 年，是一家大型家电零售连锁店，由 9 家子公司和部分加盟店组成，全国共有连锁店超过500 家（2020 年 4 月）。在日本家电零售业排名第五。

028   敢于承认失败才能改变公司命运

樱井博志

日本旭酒造公司董事长

我认为，只有敢于承认"失败"，企业才能发展壮大。

今天，本公司生产的"獭祭"清酒已闻名全日本，但直到我父亲那一辈，我们公司还只是山口县岩国市深山里的一家穷酸的造酒作坊。我接手酒坊是在1984年，那年的销售额与前一年相比又减少了15%。其实，当时这种状况已经延续了十几年。造成这种后果不是因为员工偷懒，他们工作非常认真刻苦，但每天只会说"再这么下去企业就完蛋了"，依旧日复一日地重复着相同的工作。那时，销量已经跌至全盛期的三分之一，销售额仅剩下9700万日元了。

在接手经营前，我曾短暂离开过酒厂一段时间。因此，重返酒厂后，从不同的角度很容易就发现了经营上存在的问题。我意识到问题的严重性，立刻采取了各种补救措施，如生产纸罐清酒，参与降价竞争等。

最初时，一切并不顺利。投资不奏效，结果不理想。由于实施了各种各样的销售策略以及追加了设备投资，成本不断增加，资产负债表明显恶化。银行贷款是个人担保，如果公司倒闭了，肯定会连累全家人的生活，越做越使自己深陷泥潭不能自拔。

最终，能从泥潭里爬出来都是因为我承认了"失败"。一旦失败的结果出炉后，就再也没有借口可找了。失败的结果告诉我，"努力没有奏效是因为我的判断出现了失误。既然如此，再勉强做下去意义也不大"。只有承认了失败，缺点才会浮现出来，弱点才能全部暴露在眼前。在分析失败原因的基础上，只需做出必要的修正就足够了。直至今日，我的这种看法一直没有改变。

也许是碍于面子，也许是不愿意接受判断失误的现实，有些人"就算是不会有结果，仍然还要坚持努力"。我觉得这样做太可笑了。失败了不可怕，只要肯认输，并在此基础上认真思考下一步工作就行。

在屡战屡败的过程中，我有机会感受到敢于承认失败的重要意义。在此期间，我找到了"有发展前途"的项目，于是，就掉转船头大胆地驶向了纯米大吟酿的清酒生产和销售。

本公司现在由员工直接负责酿酒，但当时这项工作是委托给专职酿酒师来做的。由于质量不稳定，所以每当向酿酒师询问缘由时，他总是找借口推脱，不是说"天气不好"，就是强调"大米质量有问题"等。一句话，就是不想承认是自己的失误。

于是，我做好了有可能引发众怒的思想准备，把不再委托专职酿酒师酿酒的决定告诉他们。当时，在酿酒界盛行着一句话"和酿良酒"，即只要酿酒师与酒厂和睦相处，不仅能酿出好酒，也能结出好人缘。但我不这么认为。我觉得只有先承认失败，才能在此基础上一步一步接近酿出理想中的美酒。这种想法从思想上为我们今天酿出美酒奠定了良好基础。

现在，本公司年销售额高达 120 亿日元。接下来，我打算进军美国市场，准备在纽约开设新酒厂。从 2019 年夏季开始，我打算常驻美国一年。我之所以能走到今天，是因为我深知："正是因为我敢于承认失败，才有机会改变了本公司的命运。"

（选自 2018 年 6 月 4 日访谈录）

参考资料

櫻井博志生于 1950 年，日本山口县人，1976 年进入自家企业旭酒造公司后，因在酿酒和经营方向等问题上与父亲意见不合离开公司，成立了经销石材的企业。1984 年，父亲去世后继承了家业，成功开发出纯米大吟酿"獭祭"。该清酒驰名世界，在中国也深受欢迎。

第三章

育人篇

029　对失败也要予以公正评价

八寻俊邦

日本三井物产公司董事长

在现代商务活动中，每一个从事商务活动的人都应该具有不惧风险，敢于拼搏的精神。这一点对那些正在开展多种经营的大商社来说，尤为重要。为此，失败者的出现是在所难免的。与普通人相比，在这些有过失败经历的人身上蕴藏着千方百计挽回损失的巨大激情。为了能有效地激发出这种激情，实际上企业在人事管理上采取的是积分制度。但现实中，很难说这种新颖别致的管理方式在企业界已经趋于完善。

其实，我就属于那群失败者队伍中的一员。我担任神户支店的科长时，曾经误判了国际橡胶市场的行情，给公司造成了巨大损失。当时，我的出发点完全是为了公司，为了挽回一度造成的巨大损失，我曾焦虑万分，很想填补亏空，亏损却越来越大。

那时，恰巧是因财阀解体而被拆散的旧三井物产系统各公司重新统一组合的前夜，我所属的第一物产为了做好合并前的准备工作，加强了对内部的管控，水上达三常务董事提出了"赏罚分明"的人事安排原则。不幸的是，我成了该原则实施以来第一个被处罚的对象，从科长的位子上，没有经过副科长，直接被降级成普通职员，调到东京总部，成了被"业务部托管"的身份。

我几乎无事可做，每天都郁郁寡欢，曾一度认真考虑过辞职。但是，我之前供职的那家支店的上司给我写了一封长信，信中鼓励我说："让你吃了不少苦，我很过意不去。"前辈们也对我说："八寻君，你要坚持！"所以，我想辞也辞不了。

可是，仅过了一年，水上先生突然就把我提到了更高的职位上。我想，当时水上先生也许是为了掩人耳目而把我降职的，他的内心一定是想找机会恢复我的职位。我获得了预想不到的复职机会，发誓即便是粉身碎骨也要报答公司。

随着组织机构的扩大，就需要自然淘汰一批不称职的员工，当然，那些失误较多的人就成了首选对象。但是问题在于失误的性质和内容上，对于以权谋私导致失误的那些人，必须予以严厉惩处，而为了公司而甘冒风险所导致的失误，就应该另眼相待。追究那些虽工作努力但成绩不理想的人的责任，或许过于苛刻。对于失败也要予以公正评价。

我一直秉持上述观点。所以，在担任总经理期间，我对现存的"减分方式"的人事管理制度进行了改革。但是，现实中只对人事制度进行改革是无法从根本上解决问题的。如果想从根本上改变,就必须先转变企业领导人的思想意识。如果缺少不徇私情并能公正地评价下属过失的领导干部,年轻人就不可能甘冒风险、心甘情愿地为工作而献身。

现代年轻人向往稳定的生活。在敢于面对挑战并甘愿牺牲自己的休息时间而孜孜不倦工作的我们这一代人眼里,他们似乎就是贪图安逸生活的一代人。但这一代年轻人向往稳定生活的想法也不是与生俱来的,让他们产生这种想法,难道我们这样的领导人就不该承担一部分责任吗?

（选自 1985 年 1 月 25 日访谈录）

参考资料

日本三井物产公司是一家综合贸易公司,为日本三井集团的核心企业之一。旗下产业涉及媒体、能源、金属制造、机械制造、化学、金融业、物流业、食品及采矿业。八寻俊邦担任第五任董事长（1979 年 6 月至 1985 年 6 月）。

030 "为了教练"的说法太愚蠢

北岛忠治

日本明治大学橄榄球部总教练

不只是橄榄球项目，在许多体育竞赛中，教练员在比赛结束后的采访中都会说，"选手们为我干得漂亮！"我从心底里讨厌这种把比赛私有化的说法。我做了将近 60 年的教练员，只要听到有队员说"让我们为教练努力吧"，就会大骂他的想法太愚蠢。

只有喜欢这种说法的教练员才特别在乎比赛的输赢。虽然说，全力以赴取得比赛的胜利不是什么坏事，但只要能打出符合我们明治大学自己风格的橄榄球比赛，我就心满意足。我们是应该有不服输的精神，即便是那种赢不下来的比赛，只要球员们敢于抱着球一往无前地向前冲，他们的表现就无可挑剔。作为教练员，传授橄榄球的基本打法是我的职责，除此之外，一切全都依赖队员们的自主性。

一般来说，大学体育俱乐部不属于职业的体育部门，但仍深受各种组织和制度的约束，为了输赢，也会要求学员们全力投入,盲目地服从以及接受残酷的训练。虽然本俱乐部也要求各成员最低限度地遵守相关行为准则,但绝不过分地约束。尽管在比赛中也会要求每一名队员都按照教练员发出的手势暗号进行比赛,但实际上,我更希望场上持球的队员能成为球队的领导者,独自判断比赛进程,充分发挥自主性。也就是说,上场比赛的每一名球员都应该具备领袖资格,都必须发挥领袖作用。

正因为如此,至少在我的俱乐部里不存在前辈球员殴打后辈球员的情况。说句不好听的,只要肯打骂,连狗都能学会表演。如果有球队提出想与我们一起训练,只要时间上允许,一般我都不拒绝。曾经有一家大学球队与我们一起训练,但合练开始不久,我就请他们退场离开了。主要是因为我看到对方教练员手里拿着一把竹刀。

有人说,现在的高中橄榄球部根本不教基本功,学生们掌握的那点橄榄球技法只配在纸上谈兵。我觉得,那是因为他们的教练员本身橄榄球的基本功就不扎实。实际上,也曾有几名高中冠军队球员加入过本校俱乐部,但让人意想不到的是,他们的后续成长都很缓慢。我觉得,即便是大学期间,学生们也主要是处于进修阶段,主要的任务仍然是练习基本功。在校四年期间,不应该要求他们在橄榄球上小有成就,只要能掌握基本技术和达到增强体质的目的就完全可以。

我教基本功,然后让他们自己去领悟,这样他们自然就会对橄榄球产生极大兴趣。我认为，他们对橄榄球的专注度才是他们橄榄球事业获得成功的关键。一般来说，只有那些超级选手才能拥有这种自主性。其实，即使是被大家公认的天资聪慧，与后天努力无关的天才型橄榄球选手松尾雄治，他每天照样是从早到晚默默地练习。

但是，与以往不同的是，最近想要激发出这种专注精神和自主性越来越难了。究其原因，如今的选手为了博得媒体上的高人气，变得越来越浮躁了。今天，虽然日本国家队球员与欧洲强队相比在体格上已经不相上下，但在真正的对抗中，还是无法阻挡住对手的进攻，我觉得就是因为我们的球员还是缺乏这种专注精神和自主性。我的工作就是通过橄榄球运动培养出一批又一批脚踏实地的社会成员，让他们身上具备这种专注精神和自主性。我的教法看上去似乎跟不上时代的发展，但我仍会我行我素，继续让队员加强基本功训练，并尊重他们的自主性。

（选自 1987 年 1 月 19 日访谈录）

参考资料

北岛忠治，1901 年出生，1996 年去世。日本著名的橄榄球教练员，曾担任日本国家队总教练。

031　建立员工向总经理畅所欲言的对话氛围

村田昭

日本村田制作所董事长

村田制作所能够发展壮大的原动力来自我这个 6 月刚刚离任的总经理的碌碌无为。我从不插嘴研发工作，从不插手新厂的筹建工作，从不干涉财务经理负责的那几次从资本市场筹措资金的工作，当然更不具备企业创始人的那种敢闯敢干精神。正是我这种有负众望的总经理的存在，所以，才会激发出年轻人"我不努力公司就会倒闭"的危机意识。

我体弱多病，14 岁时因患肺结核卧床 3 年，每天过着醒了又睡，睡了又醒的生活。18 岁时，我又得了中耳炎，右耳几乎全聋。

20 岁时，因父亲去世，我继承了这家位于京都的街道小厂的经营权。但从那以后，我经常生病，根本不可能带领大家开发产品或外出跑业务。可以说，从那时起，公司的重担交由年轻人负责的管理体制就自然形成了。当然，也是因为我主动把工作交给他们做，造成了既定事实。总之，由于接受了我委托的重任，他们反而感觉工作起来更有干劲了。

当然，全部委托给下属去做，公司不可能正常运转。作为企业一把手，我需要全面思考企业的发展方向。于是，我强制要求所有下属都向总经理提交业务报告。报告人的范围不局限于总公司的工作人员，也包括国内外相关企业的老总、董事以及科长以上的管理人员，要求他们每月向我提交一次报告书。

除了要求他们汇报本部门的业绩外，还可以自由地写一些想说的事情。例如，本月制定了什么目标，为了实现这种目标采取了什么措施，最终取得了什么成果，接下来还有什么打算，对公司还有什么期待和要求，等等。刚开始时，所有的人都觉得麻烦，非常抗拒，但我没有屈服于这种压力，咬牙坚持了下去。

大约过了一段时间，他们觉得这种形式也不错，可以把自己平时对公司的看法直接呈报给老板，慢慢地发来的报告书变得越来越厚了。我去国外出差，离开公司几周后，回来时办公桌上堆满了厚厚的报告书，摞起的高度甚至让我坐在椅子上看不到对面。

写报告的人很辛苦，说实在的，看报告的我更辛苦。我必须全部审阅后再一一答复他们。如果不这么做，写报告的人就会觉得自己傻乎乎的不被领导重视。我几乎为此事耗费了所有周末的休息时间。最近，我觉得自己上了年纪，就告诉他们三个月报告一次就行，但有些人还是一个月呈送一次。

我是个不善言辞又腼腆的人，所以总是说不来奉承的话，不仅不能说服部下做事，更不可能有意识地大声斥责他们。但是，以报告和复函的形式，我可以说一些面对面难以启齿的话，重要的事情还可以等我仔细斟酌后再拿出意见回复他们。

村田制作所很早就进军海外市场了，我把经营都交给了当地人，他们也高度认可这种报告方式。因为他们觉得这样会使我们之间的沟通畅通无阻。我原本担心这种纯日本式的经营手法在海外会受到抵触，但事实并非如此。总之，在经营上建立起一种员工向总经理畅所欲言的对话氛围，十分必要。

（选自 1991 年 7 月 22 日访谈录）

参考资料

日本村田制作所成立于 1944 年 10 月，是全球领先的电子元器件制造商，客户分布在 PC、手机、汽车电子等领域。主力产品陶瓷电容器的生产高居世界首位，生产的陶瓷滤波器、高频零件和感应器等也处于世界领先地位。

032 一句话救我脱离苦海

古川昌彦

日本三菱化学公司（现三菱化学集团）董事长

我年轻时，在工作中曾一度陷入走投无路的困境。进入三菱化学公司后，我被直接分配到公司的发祥地北九州市黑崎事业所开发部负责技术引进工作，一干就是八年。

20世纪50年代后期，日本经济进入了扩张期。本公司也急于想开发新项目，决定进军合成纤维原料产业。那时，东丽公司和帝人公司已经开始了合成纤维原料的生产。本公司要想后发制人，超越竞争对手，就必须开发出属于自己的独有技术，大幅度减低生产成本。

为此，公司决定购买德国的亨克尔法专利，并独自尝试工业化生产。其实，该项技术其他公司也曾引进过，但都没能顺利实现工业化生产。我当时工龄十年，刚刚30岁出头，在公司里担任股长一职，被指名负责该项目的技术引进工作。

全公司对这项投入十几亿日元巨款的成套设备建设工程都抱着很高的期望。每天都有一些平时不常碰面的人来拜访我，这让我感到精神压力很大。

1963 年，成套设备项目竣工了，但过了一年又一年，设备仍然无法正常运转。经常是开开停停，一停就是一个星期，故障不断发生。虽然我向许多工程技术人员讨教过，也获得了不少技术上的帮助，但仍然无法从根本上解决问题，这使我陷入困境中苦苦挣扎不能自拔。因为是第一次担任大项目负责人，又是全公司最瞩目的大事业，我被压得喘不过气来，甚至一度做好了失败就提交辞呈的思想准备。

那时，后来成为公司副总的岩崎郁夫先生给予了我们技术团队巨大的支持与鼓励。当时，岩崎担任黑崎厂的厂长，他对我说："年轻人受点挫折是必然的，不交点儿学费你们就不可能顺利成长。"其实，作为厂长，他处境更难，但还是尽量掩饰住内心的痛苦，反过来激励我们。在他的激励下我才没有倒下。

岩崎先生并不是愁眉苦脸地对我讲了这番话。是在会议结束后，当我准备回家时，他大大方方地出现在我的面前，给予了我这番鼓励。

在此之前，他也曾鼓励过我说："虽然我们看不到化工装置内部的变化，但你应该站在那里仔细观察那些发生故障的设备。"我相信了他的话，经常出现场，站在成套设备前，虽然看不到内部的化学反应，但还是从中获得了一些启发。就这样，成套设备竣工后的第三年，生产终于步入了正轨。

从那以后，在解决各种技术难题上或在我成长为经营管理者的过程中，我从岩崎先生的教诲中学到了不少东西。他教会了我领导人应该如何关怀下属，引导下属和激励下属的领导才能。我也从中领悟到，领导人的一句话、一点点暗示都能达到拉近上下级之间关系的效果。

去年十月，三菱油化公司和三菱化学公司合并成立了三菱化学集团公司。虽然两家企业的关系原本就很近，但风格上多少会有些不同。为了使两家公司真正融为一体，双方之间开展真诚对话是必不可少的。我觉得越是在这种关键时刻，越应该重视来自各个方面的每一句话。

（选自 1995 年 2 月 27 日访谈录）

参考资料

日本三菱化学集团成立于 1950 年，由三菱化学公司、三菱化学控股公司、三菱制药公司以及 3 个公司的下属企业组成。

033　缺少宽容失败的企业文化不利于员工的成长

藤田近男

日本丘比公司原总经理

　　"企业的未来取决于总经理的人格。只要你记住这句话，无论你做什么我都放心。"这是公司前任总经理、创始人中岛董一郎给我开出的唯一条件，除此之外他二话没说，就把丘比公司的经营权交给了我，那是在1971年我44岁时。从那时起，我总共担任了长达22年的总经理，我始终铭记培育人才的重要性。因为说到底，事是由人来做的。

　　让我产生上述想法是在推进"分公司经营制"的时候。当时，我是这么想的，假如用100人抬一顶轿子，如果其中有3个人偷懒，把身体吊在轿子上也不会被发现。如果是一顶10个人抬的轿子，只要其中有一个人偷懒，就立刻会原形毕露。此外，如果是一顶10人抬的轿子，每位参与者都会切身感受到自己的贡献度。以此类推，如果我们只是把自己简单地当成组织中的一个齿轮，就会放弃独立思考的机会。反之，如果赋予每一个人责任与权限的话，他们都会在工作中锐意思考和大胆创新。

当然，如果这10个人不听统一号令而各自为政，那么我们为此所做的努力就会付之东流。如果每顶轿子留在原地一动不动，情况会更糟。这也是我常挂在嘴边的一句话，即"豆沙包与乌冬面的面粉之争"。

也就是说，有了这些基本原材料，我们不仅可以蒸出馒头，也可以烧制出鲷鱼烧或铜锣烧。使用原材料能制作什么，全凭各自的本领。但是我希望这种基本原材料，即"企业哲学"应该由大家共享。为此，我拜托各分公司负责人必须做到以下四件事。

一是"避免自己的私生活成为下属议论的话题"；二是"不利于自己的情况必须上报，而替自己歌功颂德的成绩不必上报"；三是"谦虚谨慎，做出成绩也不骄不躁"；四是"可能发生业务碰撞时，要提前通知对方并充分协商，不要把事情闹到总公司来打官司"。

培育人才需要时间。重要的是要拿出无可辩驳的证据。

记得那是在1962年，我担任仙川工厂厂长时发生的事情。当时，由于要扩大沙拉酱的生产，临时需要增加雇员，但就在这关键时刻工厂里却发生了工人罢工事件。

"如果你认为工会的主张正确的话，你就采纳他们的意见。但是，如果他们想靠人数的力量压迫我们接受不合理的条件，你就必须坚决对抗到底。即便为此公司垮掉了也在所不惜。"

前任老总的一番话让我信心大增，最终问题得到了妥善解决。

但是，事情结束后，我还是被前任老总叫了过去，他问我："人活着不都是为了面包。这句话你听说过吗？当然，你也许会说我知道，但我不认为你能悟透这句话的真正含义！"我听了满脸的不高兴，立即反驳说："您这么说有根据吗？"于是，他严肃地对我说："因为员工也不全是为了工资而活着。你是不是自认为只要多发工资，员工就会无条件跟着你干？虽然生活中工资是必不可少的，但员工更需要的是关心与关怀。我想，正是因为你不明白这个道理，才引发了这次罢工事件。"一语击中了我的要害。

我与前任老总年龄相差 42 岁。入职时，包括他在内公司只有 5 名员工。我们一起工作了 20 多年，几乎是他手把手、一对一培养了我。他虽然对人非常严厉，但还是原谅了我的第一次重大失败。所以说，如果一个企业里没有包容失败和允许失败者重生的环境与氛围，对员工的成长是十分不利的。

（选自 2003 年 2 月 17 日访谈录）

参考资料

日本丘比公司成立于 1919 年。1925 年开始生产和销售沙拉酱，是日本最大的沙拉酱生产企业。1993 年进入中国市场，该公司生产的沙拉酱约占中国沙拉酱市场 60% 的份额。

034　领导的笑容是开启"学习"的按钮

内田树

神户女子大学文学系教授

最近，我听说刚刚参加工作不到三个月就开始登录招聘网的新人激增。这部分人对公司里的工作不关切，也提不起兴趣，总想着更换新工作。

当你是一名新人时，感到工作辛苦是必然的。刚刚成为组织中的新成员，严格地说，还不是一个合格的"齿轮"，在某种程度上还没有融入到组织中去，根本无法体验那种"通过自己转动带动组织转动，最终影响社会"的感觉。只有当你真正感觉到公司已经成为自己身体的一部分时，待在这里才会心情舒畅，工作才会变得快乐起来。

因此，引导新人尽快适应新公司，并引起他们的工作兴趣十分必要。现实中，每个公司都希望通过"新人教育"的形式迅速达到上述目的，但结果都不太理想。我本人对企业的人事制度不在行，但我觉得只要把它想成是"教育"的一部分，就容易理解了。

新人什么时候才能主动开启"学习开关"呢？其实，答案只有一个，就是把新人放在那些热衷于工作的人身边。我相信，企业家们也会赞同我的这种观点。

有欲望才会学习。只有接触那些以学习为乐的人，才能唤起新人学习的欲望，并希望成为其中的一分子。当然，不仅是享受工作的人，那些享受着文学、数学、昆虫学、天体学，当然也包括棒球、足球和武道的乐趣的人，也同样会对四周散发出强烈的"快乐气息"。周围的人一旦感受到这种气息，就会思考其中的原委，当心中开始想"为什么那个人看上去那么高兴，那么快活地做那件事"时，身体中的"学习开关"在那一瞬间就被开启了。

一般来说，每个人都能感知别人不高兴的原因，但是往往感知不到别人高兴的原因，越是感知不到，反而越在意这件事。许多人都有过被朋友带入一起爬山或学习围棋的经历，出发点就是因为上述缘由。在教育界，凡是教师关系融洽的学校，学生与老师之间也能坦诚地开展交流。

话题转回公司。能够成为后来者榜样的人，一般说来都是热衷于工作的人。如果新人参加工作不久就想跳槽，就是因为他工作的身边没有一名能够快乐地全身心投入工作的前辈。放眼望去，全都是愁眉苦脸的人。对新人来说，眼前的工作很辛苦，前辈们又都是一副愁眉不展的样子，这就更难让他们对眼前的工作和所在的组织提起兴趣，更谈不上关切了。

在这种前辈聚集的职场里，不用说自己的直属领导不能心情愉快地工作，追根溯源，企业经营者也一定是一脸沮丧、心情郁闷地工作。在这种环境中，久而久之你也会变得每日眉头紧锁，心情难以愉悦吧。

让别人做不如自己去做。教育上是这样，武道上是这样，企业经营上恐怕也是这样。我相信，你和我一样，都会喜欢那种面带笑容的人，也愿意跟随着这种人一起向前进。

（选自 2007 年 10 月 15 日访谈录）

参考资料

内田树，日本学者、评论家、武道家。生于 1950 年，毕业于东京大学文学部法语科，曾进入东京都立大学攻读博士学位，中途退学。神户女子学院大学文学部教授。

035　如何驾驭工作能力强但浑身带刺的部下

中尾浩治

日本 TERUMO（泰尔茂）公司原董事长

有一种人工作能力强，但说话带刺，态度生硬。你领导过这种被称为"刺头"的部下吗？

其实，我就属于这类人。比如说，我曾被上司训斥过："你的道歉太快了！"因为我一旦听懂了对方的话中话，就会发现这件事自己确实负有责任，就会立刻向对方道歉，说声对不起。但对于对方来说，怒气还没有发透，怨气还没有打消（笑），原本还想继续训斥下去解解心头之恨，却被我抢了先机。因此，这种简单的道歉反而更让对方义愤填膺。

工作能干，却不讨人喜欢，拥有这样的部下，如何与他们相处是一个很伤脑筋的问题。

对于这件事，大多数人应该与我有同感。即人的喜好会影响自己对工作的判断。尽管大家都会对别人说"请不要把你的喜好带到工作上！"，但这只不过是一句冠冕堂皇的话。甚至有些书本上还明确写道："上级要紧紧拥抱下级，包括他身上的刺。"但是如果你真的抱紧了，他身上的刺会刺痛你。想想看，这也太难为人了吧。

所以，现实中，上司最终都会优先采纳自己喜欢的部下的建议或者提拔他们负责某些重要的工作。于是，那些被忽视的部下手中掌握的许多出人意料的好点子就失去了被采纳的机会。想想看，真的太可惜了。

我喜欢现代美术，也小有收藏。尽管不大懂行，但只要看到喜欢的，我就一定买回来收藏。而对那些评价高的，只要自己不喜欢，我连打开钱包掏钱的想法都没有。别人常劝我说，不要光买那些自己喜欢的藏品。当然，我理解他们说的意思，就是劝我也要买一些即便不知道哪里好，但只要能吸引自己，可能不喜欢但并不讨厌的藏品。

为什么要这样做呢？因为只要自己掏钱买到后，就能放在身边仔细观赏。慢慢地就能体会出该作品的魅力，并且悟出作者的思想，会渐渐地喜欢上它。如果不花些时间让它陪伴在自己的身旁，就不会知道自己到底会不会喜欢它。应该就是这个道理吧。

好恶易生偏见，会对一个人的待人处事或艺术观赏产生不良影响。我也是人，也不否定自己会受其影响。的确，有些人做的事实在是让人忍无可忍，但此时此刻，如果你脑海中的某个角落里隐藏有"先买回去放在身边仔细观察，说不定会喜欢上它"的想法，也许你就能忍下来。这样的话，你就一定能扩大自己"收藏"的深度和广度。

如果你认为自己就属于这种刺头部下,那我送给你两条个人经验供参考。第一条是"不给公司添麻烦",第二条是"全力以赴完成好上级交给的任务"。像你这种人肯定不讨厌多干事,只是对人际关系多有不满吧。如果是这样的话,为了能让自己全身心快乐地投入到工作中去,我劝你去做一名不摇尾乞怜,说到做到的部下。我就是这样做的,为此懂我的上司拼命地使用我,派我去国外工作、管理财务工作以及参与科研工作等。当然,在此期间我也没少挨他的训斥。

(选自 2018 年 5 月 14 日访谈录)

参考资料

日本 TERUMO(泰尔茂)公司成立于 1921 年,是医疗器械及医药制品的大型企业。产品包括一次性医用器械、输血用具系列、医药品和营养药系列、家庭医疗保健产品系列等。

第四章

组织篇

036　坚信人的多能性让我摆脱了经营危机

江口秀人

日本雅马哈发动机公司董事长

　　11年前，在公司面临经营危机的危难关头，我接任了总经理的职务。在此之前，公司在摩托车市场的竞争中一直采取薄利多销的销售策略，但由于市场骤冷，公司经营陷入了困境。为此，重建重任才落到了已经基本远离公司管理中枢的我的肩上。

　　我从银行方面以及周围朋友那里得到的建议是，重建一般需要五年时间。但对我来说，五年时间太长，会耗尽我和公司员工的全部精力。说庸俗点，五年不涨工资，即使五年后公司经营好转了，届时我们早就疯掉了。

　　于是，我向员工宣布"两年完成重建工作"。当然，我并没有多大把握，只是希望两年后争取做到公司不再亏损，让经营步入正轨。

　　为此，我强行实施了大型"外科手术"。当时，我们公司两轮摩托车的生产规模是年产350万台，不仅产量处于过剩状态，甚至还制定了进一步扩大生产规模的计划。于是，我重新制定了产量减半的生产目标，一口气削减至不到 150 万台。这样做企业还能活下去吗？我心里也没底。但是，至少我心里明白，这里减一点，那里减一点，这种不彻底的方式来重建是没有希望的。

我让他们把不用的设备用绳子圈了起来，特意地强调该工厂已经全部停工了。于是，那些以前隐藏得很深的经济损失就一下子曝光了。结果，在我担任总经理的第一年，年底结算竟出现了高达 350 亿日元的赤字。看到这种结果，有人甚至讽刺说，什么也不做都比这种结果强。我被逼到了山穷水尽的地步。由于亏损额度太大，我首次担任议长的股东大会，竟然耗时 9 个多小时。

例如征集自愿离职人员的措施，同时也大幅削减了公司管理人员的数量。可是，如果因此导致人心涣散，那真是赔了夫人又折兵。为防止这类事态发生，深入了解员工对公司的看法是解决问题的关键。

我深知，坐在总经理办公室里是无法了解员工的真实想法的。于是，我决定深入基层和劳动现场去搞调查研究。当上总经理后，我每周都安排两三次与多名管理人员谈话，其中也包括销售公司和分公司的管理人员，这种谈话超过了 120 次。

最初，是管理层产生了疑惑和动摇，但随着会晤次数的增加，我从他们口中听到了各种各样的成熟建议。建议内容不仅包括他们自己领导的部门，还涉及其他部门。

仔细想想，这也不奇怪。因为人具有各种各样的能力，也愿意尝试各式各样的工作。只是由于组织机构的限制，被分配到某一个部门工作后，缺少了发挥这种多能性的机会。

于是，我设立了一项被称为"机动部队"的制度。原工作单位不变，可以由自己找人组建某个专项组，与组员共同参与完成本人的提案工作，它被称为"一身兼两职活动"。对于参与这种活动的人，公司不发人事任命书。但是，许多员工仍然积极参与了"机动部队"的工作，成为公司重建的动力。

重建不可避免地要进行大手术。但是，我们也没有忘记充分相信人的多能性，最大限度地调动起员工的工作积极性。

（选自 1994 年 9 月 5 日访谈录）

参考资料

日本雅马哈发动机公司成立于 1955 年，是一家集生产与销售于一体的日本企业。主要经营摩托车、踏板车、柴油发动机等。1980 年开始研制电动车，是世界上最早销售电动辅助自行车的企业，同时也是世界最大的电动车制造商。

037　拥有了共同目标才能激发员工的主观能动性

庄孝次

日本尼康公司董事长

　　企业掌门人心中要时刻铭记：只有让组织中的每一位成员都能清楚地了解到自己在组织中应发挥的作用，同时认识到发挥这种作用对自己的重要性时，他们才能自发主动地开展工作。假如企业里的每一位员工都能通过自主判断自发地开展工作，那就不再需要上级下达指令了。所以，让我们的组织尽快地达到上述状态十分必要。

　　下面，我想详细谈一谈这种信念是如何被培养起来的。1952 年，我进入日本光学工业公司（现改名尼康公司）工作后，就被分配到照相机的设计部门工作。在我的记忆中，那个时代，日本经济白皮书已不再把 1955 年称为"战后"了，因为在此之前日本就已经步入了经济复苏期。当时，以莱卡、康太斯为代表的德国相机被评为世界顶级产品。

　　结束了半年的实习期，当我回到自己的工作部门后，就与几位前辈设计人员一起被叫到了当时担任技术部长的白滨浩先生（后来担任过总经理，已故）的面前。白滨先生说："这次公司决定开发新相机。据我所知，日产照相机与德产照相机相比，在技术上落后很多，希望你们一定要设计和生产出与德国相机不相上下的产品。"他从技术人员的良心和热情的角度出发，正视了两国之间存在的差距，并能坦率地指出不足，让我铭记在心。从中也流露出他对年青一代技术人员的殷切期待和无比信赖。

从那时起，我理解了白滨先生赋予自己的光荣使命。同时，也充分意识到自己有责任和义务去完成这种使命。当时，尼康相机已经面世，"但我们的相机不如德国相机。我们一定要加紧追赶，争取赶超"。白滨先生坦率地道出了公司的处境，并激励了我们年青一代奋起直追。

白滨先生提出的目标成为我们每位技术人员共享的课题。经过我们的共同努力，终于在 1954 年年底完成新相机的设计与生产，该相机被公司命名为"尼康 S 2"。幸运的是，这款产品在市场上获得了一致好评。这个经历让我明白了一个道理，即"把握自己的处境，了解自己的作用，履行自己的使命"。从此，这句话就成了我人生的座右铭。

为了把握自己的处境，就必须共享一切信息。为此，首先就要对员工公开和提供全部信息。

但是，即便了解了现状，如果每位员工的价值观不一致的话，组织也不可能按部就班地开展行动。因此，在此之前，还需要进行价值观的磨合。也就是说，只要组织所处的状况与每一位员工想做的事情能完全契合，即使上级领导什么也不说，整个组织也会自动运转。可以说，这才是一个组织必备的重要条件。

价值观的磨合不可能靠小打小闹的说服教育就达到目的，位居企业高层的管理者要以身作则，起到表率作用才能争取广大员工的理解与支持。只有拥有了共同的目标，才能激发出员工的主观能动性。如果员工的认识还只停留在"我们只听老总的吩咐"的状态下，那么这个组织就起不到应有的作用。因此，只有拥有了共同目标，每个人才能认清自己的职责，才会自发地行动起来。

（选自 1995 年 4 月 10 日访谈录）

参考资料

日本尼康公司是日本著名的照相机制造商，成立于 1917 年，当时名为日本光学工业公司。1988 年，该公司依托其照相机品牌，更名为尼康公司。该公司还生产护目镜、眼科检查设备、双筒望远镜、显微镜、勘测器材。

038　与员工的直接对话化解了空前的经营危机

大桥洋治

全日本空运公司董事长

　　照这样下去，全日空必将破产倒闭。2001 年，继美国同时发生连续恐怖事件以及日本航空公司与日本 JAS 航空公司决定合并后，我感到了前所未有的危机。并且，祸不单行，由于 SARS、禽流感等传染病相继发生，旅客数量急剧减少，公司的经营收入受到了巨大冲击。

　　在我近 40 年的职业生涯中，公司也曾遭遇过几次重大危机。第一次是在我入职的第二年，连续发生了羽田冲和松山冲航空坠落事故。第二次是在 1998 年，围绕飞行员津贴问题，发生了持续 15 天的罢工事件。那时，我是负责劳务的高级职员，虽然痛感责任重大，但心里并不担心，总觉得车到山前必有路，肯定会找到解决问题的突破口。

　　但是，自从我接任总经理一职后，原本看上去顺风顺水的经营状况骤变，当我们再向以前一直赖以生存的政府系统的金融机构申请贷款时，条件变得十分苛刻了。无奈我只得背水一战，对组织机构进行了大刀阔斧的改革，决定削减包括工资在内的 300 亿日元的成本。

但是，在削减成本、提高竞争力上，效果一直不理想。公司一方想要削减成本，但员工却给我们踩了刹车，这是因为公司一方的信息没有准确地传递给他们。这种结果对我打击很大。此时此刻，我想起了自己刚入职时从当时的总经理冈崎嘉平太口中听过的那句话。

我出生于"旧满洲"，对中日贸易很感兴趣，大学期间把它选为研究课题。因为冈崎先生是中日贸易方面的名人，为了求教上述问题，我拜访过全日空。冈崎先生没有看不起像我这样的普通大学生，热情地接待了我，并与我坦率地进行了交谈。谈话期间，总经理办公室的房门一直是打开的，公司里年轻员工的嘈杂声不时传了进来。这种自由开放的氛围，让我产生了好感。入职 10 年后，我负责劳动事务方面的工作，在与工会交涉遇到烦恼时，冈崎先生谆谆教导我说："重要的是要与对方坐下来好好谈。"冈崎先生留下的这句名言让我至今铭记在心。"信是纵线，爱是横线，它们交织起来会把世界绣得更美丽！"这句话充分证明了全日空重视"人和"的企业文化。

加强与员工的直接对话。我从 2002 年开始实施了"直接讲话"的具体行动。所到之处，我召集员工，向他们介绍新的经营理念和经营目标，告诉他们："在激烈的竞争中，与看重数量相比，更应该重视质量。"开始时，员工们只是静静地听我讲话，而我的本意是否传达给了他们，是否起到了效果，我一点自信也没有。有一次，我向伊藤忠商事的丹羽宇一郎会长讲述了自己的疑虑，他告诉我说："这不奇怪！如果你要想让他们明白这些道理，你需要反复讲上几十遍甚至上百遍。"我觉得他的话有道理，就照他说的做了。但每次都讲相同的内容，久而久之，连我自己都讲烦了。某天，我见到舞蹈家岩井友见时，向她透露了自己苦闷的心情，于是，她告诉我说："我每次站在舞台上都跳同一支舞蹈，但我都会在心里仔细琢磨，今天我让观众满意了吗？明天我该怎么跳更好？"她的话再次鼓起了我的勇气，我决定不厌其烦地把相同的话讲上无数次。

从 2002 年开始，两年时间里，我与 6000 名以上的员工进行了交谈。员工们的思想意识也发生了变化，对改革的态度变得积极起来了。我认为，2004 年 3 月能够恢复分红，与我的这些努力是密不可分的。今天，"直接对话"的形式已经由总经理、副总经理等公司高管们继承下来了。我坚信，本公司坚持开展对话这种良好的企业文化一定会不断发扬光大。

（选自 2005 年 1 月 7 日访谈录）

参考资料

全日本空运公司简称全日空，成立于 1952 年 12 月。原为日本营运规模第二大航空公司，但在 2010 年 1 月日本航空公司宣布破产后，取而代之成为日本第一大航空公司。

大桥洋治生于 1940 年，出生在中国黑龙江省佳木斯市，是佳木斯市和大连市的荣誉市民。

039 用"沸水经营疗法"根治大企业病

樋口武男

日本大和房屋工业公司董事长兼 CEO

有一种病态叫"大企业病"。一旦企业成长壮大,进入稳定发展期后,就会容易患上这种大企业的通病。这种疾病表现在浪费现象严重,遇事只会因循守旧,丧失挑战功能,企业就如同舒舒服服地泡在热度适中的温水里,导致组织松散,变得毫无战斗力。

我在担任大和房屋工业公司专务董事时,有一天,公司创始人石桥信夫顾问把我叫到他的办公室,让我去集团所辖的大和住宅园区建设公司担任总经理,这事发生在 1993 年。参加工作 30 多年来,我一直跑工程,本打算留在专务董事的位置上结束自己的职业生涯,这份任命对我如同晴天霹雳一般。

大和住宅园区建设公司是在日本经济高速成长期,通过不断开发大型住宅园区而迅速成长起来的企业,但由于住宅开发热浪退却以及房地产泡沫破灭,该公司经营不断恶化。相比于 740 亿日元的年销售额,有息负债竟高达 1418 亿日元,本年度前两期就累计亏损了 86 亿日元。

因为我的到来，公司内弥漫着即将开始大裁员的恐惧气氛。然而，我却公开宣布了"绝对不裁员"，而且宣布了每年还要新招 100 人的计划。为了加强地域密集型的经营，我决定实施扩充营业网点的攻势经营。不仅改变了土地购置请示报告需要加盖 14 个公司公章的状况，而且只要有合适的项目，我就会立即前往该地，当场拍板决定。

当时的口号是一切"从蛹开始"。将蛹的读音转变成日本罗马字拼音，意思是：S＝速度，A＝明亮，N＝不逃避，A＝不放弃，G＝不欺骗，I＝不辩解。我把今天的公司比喻成从幼虫蜕变为成虫时期的公司，期待着公司的发展壮大。

我也立即更换了业绩不佳的分店长，起用了年轻的分店长。突然间刮起的旋风，让那些习惯于靠着组织过着安逸生活的员工再也无法忍受，第一年辞职者就高达 120 人，第二年也有 110 人辞职。其中，八成以上的离职者属于泡沫经济时期录用的那些被过分溺爱的人。由于可以悠闲自得浸泡身体的温水突然变烫了，他们只好裸着身子跳了出去。

就这样，仅仅过了两年公司就扭亏为盈。7 年后，2000 年 3 月公司的销售额为 1441 亿日元，整整翻了一番。并且，重新恢复了分红。此后，我又迎来了新的转机，大和房产公司与大和住宅园区公司实现了合并，并且由我担任了新的大和房产公司的总经理。

时隔 8 年再次回归大和房产公司时，一切已经面目全非。过去的那种由野武士（农民工）组成的群体早已杳无踪迹，公司高管们享受着丰富的物质生活，浑身上下充满了惰性，他们患上了大企业病。为了让他们从温水中摆脱出来，我宣布了实施"沸水经营"的治疗方法。

我再次使用了重建大和住宅园区公司的经验，把干部任期从两年缩短为一年，设置了"总经理意见箱"，改革了分店长的工资制度，改成年薪制，实行了赏罚分明的严厉手段，取消了出现经营赤字的分店长的年度奖金。在公司内，也立即实施了自由转岗制和分店长公开招聘制，大刀阔斧地进行了改革。

刚开始时，在公司内部互联网的匿名公告栏中，有的员工偷偷写一些不堪入耳的脏话骂我，但我根本不为所动。我记着石桥老板对我说的话，"如果不喜欢被人讨厌的话，就不要去做经营者。"为了让全体员工都能过上幸福生活，即便是赴汤蹈火，我也在所不辞。经营者就应该具备这种大无畏的精神。

（选自 2007 年 10 月 22 日访谈录）

参考资料

日本大和房屋工业公司成立于 1955 年。日本最大的住宅建筑商，专门从事预制房屋和工厂、商场、医疗保健设施的建设以及管理，同时运营度假酒店、高尔夫球场和健身俱乐部等。日本房地产企业龙头老大，世界 500 强企业。

040 服务要诀是"100-1＝0"，品牌价值会在短短 10 秒内毁于一旦

藤居宽

日本帝国饭店董事长

　　我在银行工作了 33 年，在酒店工作了 22 年，上班族生涯总计 55 年，今年 77 岁。一生中能多次巧遇这种双数字，不禁让我感到很幸运，同时也深深感悟到自己的人生之所以能走到今天，绝不是单独一个人可以做到的，而是因为有了许多人的关心和支持。

　　战争刚刚结束不久，那是在 1945 年 9 月 6 日的凌晨，在中央线笹子站内发生了火车脱轨翻车事故，我的父母不幸遇难了。我没有时间沉浸在悲伤中，当时只有 15 岁的我必须带着 12 岁的妹妹、8 岁的弟弟和 70 岁的祖母，在因战乱而荒废的东京一起生存下去，尽管我们享受生活低保，但我还得努力打工赚钱养家糊口。即便是高考当日，我也要早早地先送完报纸，才能赶赴考场。大学期间，我兼职做建筑工地的夜间保安，每天早晨都要从工地出发去学校上课。

　　我周围的人也不甘贫穷，为了日本的复兴而拼命工作和努

力生活，因此我也从未因境遇不佳而抱怨过一句，心里也不觉得很苦，反而在不知不觉中养成了"自立自强"的精神，对于众人的善意支持，我内心充满了感激。

1953年，我进入第一银行（现改为瑞穗银行）工作，尽管是新人，但我却在银行内部创立了橄榄球俱乐部。"我为人人，人人为我。"这种从大学时代一直传承下来的橄榄球精神对我日后的思想形成产生了巨大影响。提高每个人的能力是企业发展的根本，通过工作实现自我价值，会使组织的综合实力变得更强。银行工作时代的我是这么想的，55岁转行到帝国饭店工作，在我心中这种想法也一直没有改变。在向大家传授这种精神时，我把它总结成点燃心头的三个"火"字，经常讲给众人听。

首先是"一隅之火"，是日本天台宗开山鼻祖最澄大师的一句话，他教诲我们，只要肯在自己所在的地方（家庭或职场）默默努力，哪怕是一盏小小的灯火，只要能照亮人世间的一个角落，这样的人就是国家的瑰宝。其次是"石中之火"，打火石不打，火星不出。它的意思就是，如果想要得到好结果，首先就要行动起来。最后是"燎原之火"，在原野上熊熊燃烧的大火，象征着全体人员排成一列，紧挽臂膀奋勇向前的雄姿。

一般来说，客人对帝国饭店的评价可分为两个极端：一个是"真不愧是帝国饭店"的赞誉之词；另一个截然相反，是

"帝国饭店也不过如此"的贬低之语，从来没有过中间评语。决定这个评价的是员工的服务质量。住店客人对帝国饭店的服务水准要求很高，哪怕是服务员的一次小小失误，马上就会引起客人的投诉。

"100−1＝0"，我把这种计算方式作为帝国饭店的服务要诀。酒店服务是由各部门员工提供的服务联合而成的，如果其中有一名服务员让客人心情不舒畅，整个服务链条就会被拦腰斩断，酒店整体的评价就会一落千丈。

100 减 1 不等于 99，只能等于 0。耗费百年光阴建立起来的品牌价值，会在短短十秒之内毁于一旦。"再庞大的组织也要靠每位成员的力量来支撑"，我之所以形成了这种世界观，就是因为在波澜起伏的人生中，我坚信了人拥有无限的可能性。

（选自 2008 年 5 月 19 日访谈录）

参考资料

日本帝国酒店集团在日本国内拥有东京帝国饭店、大阪帝国饭店和上高地帝国饭店。

藤居宽，1953 年进入第一银行工作，担任过分行行长、常务董事；1986 年被任命为帝国酒店执行副总裁，1997 年被任命为帝国酒店总裁。

041　依靠员工的整体实力，才疏学浅的我照样胜任了总经理

后藤卓也

日本花王公司原董事长

　　我在 2008 年 6 月底的股东大会上辞去了董事长一职，现在除了参与几项公司特定的活动外，几乎不再参与任何经营活动了，真正做到了裸退。在公司里，没有我使用的办公室、汽车以及高尔夫会员卡之类的东西。不过，在任职期间，我也是一直乘坐电车上下班的，原本也没有独立的干部专属办公室，也没拥有过高尔夫会员卡。所以裸退后，我一点也没感到不便或产生过一丝失落感。

　　我是 1997 年就任总经理的。我清楚地记得，在就职后的记者采访中，采访我的记者半开玩笑地问我："您的总经理之位能坚持几年啊？"因为我不是从公司的主流部门走出来的精英，而是出身于支流旁系的化学领域。从二十多岁到三十多岁期间，被调到分公司工作，一干就是 16 年，相比于前辈，我的经历纯属异类。接过丸田芳郎、常盘文克等实力派总经理的接力棒，对我来说压力应该很大。外人看来，我实力不济，能

力不强。其实，我本人也有过这种念头，心里也曾想过："又不是自己想当这个总经理的，干不好，大不了就辞职呗。"所以，我并没有感到特别的压力。那时，我心里暗暗发誓，自己绝不大包大揽，一定要把公司改造成让全体员工都能充分发挥自身能量的企业。

譬如，如果开发出了紧俏商品，我就会请负责该产品开发的相关人员出头露面，让他们得到社会的关注，成为报纸和杂志上广泛宣传的头面人物。但是，仅凭某个人的力量是无法推出紧俏商品的，只有得到生产、物流、宣传以及销售等一条完整链条的紧密配合，才能最终完成。

在成功的背后，有许多开展商品安全性研究的工作人员以及深夜在工厂从事夜班生产活动的三班倒的工作人员，他们默默无闻地支持了这项事业。作为总经理，我的责任就是要关心和照顾这些平日里默默无闻地支持这项事业的群体。于是，只要有机会出巡日本各地以及海外的事业所，我就会对该处员工说："你们所做的工作没有一件是徒劳无益的。"

另外，筹划未来五年、十年规划以及适时放弃没有发展前途的项目和事业，也是企业经营者的主要工作之一。就任总经理后的第二年，我就下决心关闭了设在美国的软盘生产工厂。虽然该项目占全公司销售额的一成，是一项价值 800 亿日元左右的庞大事业，但该项目的经营持续恶化，收益性完全没有改观的可能。不能因为经营决策人的犹豫不决而导致员工们继续那些"徒劳无益的工作",就是这种想法促使我做出了最终决断。

在那之后,我遇到过一位被转岗至其他岗位的员工,他对我说:"我以前属于做软盘的那批人。"我对他表示了歉意,说道:"对不起,是我让你们吃苦了!"但那位员工对我说:"我认为当时总经理的决策正确无比,多亏了您,我才有机会从事更有意义的工作。"他的这番话让我放下了一直悬着的心。

只有员工对自己的工作有了自觉性,产生了自豪感,企业才会真正强大起来。在我担任总经理期间,除了积极挑选有发展前途的事业,同时还仔细筛选掉那些前途无望的项目。另外,在科研经费的投入上,我丝毫不敢懈怠。因此,催生了"健康绿茶"等一系列紧俏商品,公司也一直稳定地增收。

像我这样没有任何背景值得炫耀的人,之所以可以勉强做了七年总经理,又干了四年董事长,靠的就是公司每一位员工的鼎立支持。

(选自 2008 年 9 月 15 日访谈录)

参考资料

日本花王公司成立于 1887 年。花王在日本日用化学品市场上有较高的知名度,其产品包括美容护理用品、健康护理用品、衣物洗涤和家居清洁用品及工业用化学品等。

042 与员工共享理念可预防腐败发生

安斋隆

日本 7 银行董事长

我曾在日本银行和日本长期信用银行工作，2001 年受邀担任日本国际银行（现改名日本 7 银行）总经理。即使到了今天，我仍然清楚地记得当时与 7 集团控股公司名誉董事长伊藤雅俊先生的那段对话内容。伊藤问我："谢谢你能来担任总经理。你打算什么时候辞职？"

我回答说："总资产是 600 亿日元，如果累计损失超过 400 亿日元，我就放弃。"尽量不危及他人资产，在自己投资范围内开展经营，这是伊藤先生的基本经营理念。正是受到这种经营理念的影响，我才做出了上述决定。

当前，企业不遵纪守法是社会一大问题。无论在多么优秀的企业家领导下，建立多么完善的管理体制，在世界任何国家和任何地方都有可能发生企业腐败现象。经营是竞争的社会，有输有赢，没有永恒的胜者。

在企业家中，有些人为了挽回败局，不惜铤而走险，甘冒更大的风险而一赌输赢。结果容易剑走偏锋，做出偏离公司理念的不理智行为。为了防止这种事件的发生，企业领导人应该事前制定出请辞的标准以及事业退出的条件。当然，仅仅做到这些还远远不够，关键是要把这种标准和条件事前公之于众。也就是说，能否让公司里所有的人都能大声地讲出"你这样做不对"或者"你应该停止了"的意见，对公司来说，才是生死攸关的大事情。为了让大家都具有这种勇气，就必须让企业全体员工共享上述经营理念以及掌握事业退出的标准与条件。

比如说，我让有关部门把公司的经营理念以及企业守则等写在员工胸牌的背面，让他们随身携带。我把它比喻成护身符，要求员工"在如厕时读一读"。只要大家都能准确掌握理念与守则，一旦我做出违反理念的事，员工们就能有理有据地指出我的错误所在。

我从就职于日本银行时开始，接触过许多企业经营者。我认为优秀的企业家都拥有着明确的经营理念，他们深知"自己为什么要经营企业"，其内容大都条理清晰、通俗易懂。这部分人大都属于企业老板或企业创始人一类的人物。

缺乏理念就不会经营，以织布机为例，可能更容易让人理解。织布就是在纵线上编织横线的作业，其实"纵"这个字与"经"这个字同义。也就是说，所谓经营就是在理念这条纵线上，企业家与全体员工共同参与编织横线的行为。

只是，有时会织错图案。我认为这是由于理念与行动不协调造成的。特别是近些年来，人们只追求短期效益，忙得忘记了"做企业的真正目的"，陷入这种怪圈中难以自拔。

为此，我们在头脑里要时刻绷紧"理念"这条经线，在内心深处要常问自己怎样做才能织好这条行动的横线。我觉得只有这样才能真正保证我们的企业自觉遵纪守法，预防腐败现象的发生。

（选自 2011 年 12 月 5 日访谈录）

参考资料

日本 7 银行（Seven 银行）成立于 2001 年 4 月 10 日。集团旗下有 8 家合并子公司和 4 家关联公司。主要大股东由日本著名的伊藤洋华堂和最大连锁超市 7-11 组成。

安斋隆 1941 年出生。1994 年任日本银行理事，1998 年任日本长期信用银行（现新生银行）行长，2000 年任伊藤洋华堂顾问，2001 年任日本 7 银行行长。

043 团结和唤起那些不起眼的小人物才能成就一番大事业

松田昌士

东日本旅客铁道公司顾问、日本传统守护会会长

　　在国铁公司连年赤字的年代里，我们夹在国铁与国民之间左右为难。一方面，国铁公司背负巨额债务；另一方面，国铁职工频频罢工，在国人面前我们被视为"罪人"。部分具有危机意识的基层员工私下里提出了许多改革方案，但呈交总公司后都石沉大海，上面依旧按兵不动。我估摸上头的意思是，"反正，再过一年我就退了，可以去日本铁道弘济会养老了。这个时候，最好别来烦我"。可是，同样我也能感受到来自基层的巨大压力。此时的我只能背水一战，为了国铁公司的改革运动，我甚至做好了递交辞呈的思想准备。现在回想起来，我真应该感谢那些义无反顾地追随我参与了这场危险赌博的基层员工。

　　在这种大背景下，我于1975年被派到九州铁路管理局工作，担任了营业部长，被指派负责劳工对策工作。那时，公司内部管理一塌糊涂，竟然有整个货运站的员工都不上班，集体

去弹子房打弹子机的情况。货物破损严重,货运延误明显,工作环境杂乱无章,生产现场毫无生气。面对这种情况,我把一名出生于北九州市、有领导才能、员工评价较高的人派到该车站去担任站长。我对他说:"拜托了!我答应你两年之后让你重返北九州。在此期间,请你大刀阔斧地改革吧!"

两年后,他果然成功地重建了该车站。然而,就在即将回归前的某一天,他与一位相识已久的新闻记者吃完庆祝的午饭后,跳向飞驰而来的火车自杀了。也许是身心疲惫或是内心崩溃导致……替他守夜时,望着死者家属,我心如刀绞。

"局部战争有局限性,解决不了根本问题,如今已经到了需要彻底改变总公司的时候了。"那天晚上,我最后下定了决心。

上头无所事事,只想逃避,但下头已经到了山穷水尽、走投无路的地步。愈演愈烈的工会运动扭曲了员工的思想意识,"干,不如不干"的思潮在公司里滋长蔓延,而那些身感危机,心甘情愿向困境发起挑战的人反倒成了牺牲品。

本来,这些问题应该是管理层与基层共同思考的问题。无论是哪行哪业都该如此,特别是铁路行业更应该这样,领导必须拉近与基层之间的距离,否则经营就无法成功。为什么呢?因为我们首先必须让列车按照时刻表安全无事故地行驶,其次才是考虑如何赚钱的问题。为此,管理层与基层应该坦率地开展对话交流。如果这种对话稍有偏差,就会导致非常事态发生。

所以，国铁民营化完成后，即便我当上了 JR 东日本铁道公司的总经理，每周六也一定要下基层，与员工们围在一起交谈聊天。我经常对他们讲的话是"除了涨工资之外，你们什么要求都可以向我提"。

总公司下命令，让基层遵照执行，这种思想意识是有问题的。因为智慧来自基层。如果企业领导人不走基层，不去那里问问"有什么需要帮助解决的问题"，就不可能真正了解基层的困难，基层群众也不会真心拥戴你。如果你做到了亲近基层，愿意听取他们的想法，帮助他们解决难题，他们心里自然会产生这种念头："没办法，谁让是老大说的，我们必须无条件支持他！"

我父亲也曾是一名国铁公司员工。在我决定进国铁工作时，我们一起喝过酒。他一边喝酒一边对我念叨："你若想出人头地，成就一番大事业，就必须学会团结那些不起眼的小人物。"因为在那些被组织冷待，被派到基层工作的无名小卒之中，肯定隐藏着一些身负奇才的人。你应该成为让他们振作起来，能让他们有机会发挥出自身才能的那种人。当时，他嘴里嘟嘟囔囔，到底说了些什么，我也记不清楚了。总之，也许正是这番酒话在某种程度上成为我的行动指南，成就了我今天的事业。

（选自 2014 年 1 月 6 日访谈录）

参考资料

1987 年，日本小泉政府对原日本国有铁路公司实施了民营化管理，将该公司分拆成 7 家铁路公司，其中之一为以东部铁路运输为主的东日本旅客铁路公司（简称 JR 东日本），也是 7 家中最大的铁路公司。

松田昌士 1936 年出生，1961 年加入日本国家铁路公司。1983 年，被任命为公司管理规划办公室负责人，参与了国家铁路改革，负责解决巨额债务和安排大量富余人员的工作。当时，与推动改革的井手正敬（JR 西日本前董事长）和 JR 东海名誉董事长葛西敬之一起被称为"国铁改革三人组"。1994 年任总经理，2001 年任董事长。

044 "穷则变，变则通，通则达"

下村节宏

日本三菱电机公司顾问

在担任总经理期间，我一直标榜自己搞的是"蜗牛式经营"。我从雕刻家北村西望的"稳步行走的蜗牛更让人望而生畏"这句话中获得了启发。登上奥多摩御岳山时，我偶然发现了写在碑文上的这段话。

我一直认为，本公司的巨大潜力来自基层踏踏实实开展的改革活动。在偶遇这段话以后，我就开始用这句话对那些在基层踏实工作的员工表达了自己的感激之情。

有些人因为赞同这句话而加入了本公司，但在媒体面前我讲了这段话却很失败，"没想到三菱电机像蜗牛一样慢慢腾腾的"，反倒成了媒体指责三菱电机的导火索。

我心中一直装着《易经》中的这段名言，即"穷则变，变则通，通则达"。第一次接触到这段话时我还很年轻，误以为"穷"就是一筹莫展或束手无策的意思。后来，详细查了一下，我才知道原来"穷"是用来表示深入思考或到达极限的意思。

弄懂了这一点后，我就按照自己的想法把它解释为"只要深入思考，就能找出应对方法，事业才能有成"。我对在工作中遇到难题的员工，就用这句话来激励他们，告诉他们说："只要你能坚持思考，就一定会找到解决问题的方法。"

这句话在我身上也验证过。本公司于 2008 年取消了手机终端业务，当时，即使在手机上辛辛苦苦开发出了新功能，但很快就会被同行企业赶上，手机业务一直陷入这种恶性循环中。就算我们技术上有实力，但因为无法把它转化成商业上的优势，所以经营赤字持续扩大。

在决定退出该项事业之前，作为总经理，我思考了很长一段时间，并多次去位于兵库县尼崎市的手机生产工厂，直接面对员工，倾听了他们的心声。终于有一天，我彻底想明白了这件事。我觉得，与其把这些优秀员工束缚在该项赤字的事业中，让他们身心疲惫，萎靡不振，不如把他们彻底解放出来，让他们在新的工作岗位上焕发生机，做出新的贡献。

我知道他们都是热爱手机事业的人，一旦让他们放弃心爱的事业肯定会留有遗憾，他们中间仍会有很多人希望这项事业能持续发展下去。但我的方针是"把强项做得更强"，为此我终止了那些难以为继的项目，将从事这部分工作的优秀员工转岗到我们的强项上。

具体来说，就是把相关人员重新配置到 FA（工厂自动化）生产线，即重点发展了产业机电项目以及家电项目等。把在移动终端业务中积累下来的大量技术和专利巧妙地运用到其他业务上，极大地促进了那些事业的发展。转岗这件事，除了一名想继续从事手机事业的员工以外，其他人都接受了新的工作安排。我之所以从一开始就没想卖掉这项事业，正是因为我不想放弃这部分辛辛苦苦培养多年的优秀员工。

今天，我仍然使用着本公司生产的"D905i"手机。是我断送了这种机型，所以我决定使用它直到我咽气的那一天。相信我，它可比现在市面上流行的智能手机好用多了。

（选自 2014 年 11 月 3 日访谈录）

参考资料

日本三菱电机公司创立于 1921 年，是全球知名的综合性企业集团，凭其强大的技术实力和良好的企业信誉在全球的电力设备、通信设备、工业自动化、电子元器件、家电等市场上占据着重要的地位。

045 "挑刺大队"的谏言助你做出最佳决策

长濑洋

日本长濑产业公司董事长

　　我于 1999 年继任第六任总经理,当时长濑产业正处在非常时期。

　　本公司是作为瑞士的汽巴公司和美国的伊士曼柯达公司在日本的总代理起家的。进入 20 世纪 80 年代后期,外资限制被取消,商务模式发生了巨变。我本人从未想过要当总经理,但对我来说,那时"已经不是想当不想当的问题,而是如何摆脱眼前困境的问题了"。我是抱着这种想法,无奈地接任了总经理一职。

　　我该做些什么呢?单靠代理店的业务已经无法适应时代的发展变化了。我们集团虽然有生物、化学和电子等制造业务,但规模都不大。我想,如果能把本公司具备的商社功能与制造功能整合在一起,是有可能满足客户的高度需求的。

　　但是,由于我们是作为商社起家,所以公司内部对投资制造业不理解。当时的董事长曾严厉地斥责我说:"如果有那工夫，还不如出去跑客户，多争取点营业额。"

虽然今天本公司靠"长濑胶水"使经营走上了正轨，但我还是要感谢董事长为此付出的耐心。当时，他脸上写满了"我反对"（笑），但我满脑袋装的却是"现在不做就没有未来"的想法，所以坚持己见，一步也不退让。

当然，提建议的人光有热情还远远不够。2011 年，我建议收购林原生物公司，也是从"商社加厂商"的角度出发的，不过那时我很迷茫，一时犹豫不决。我告诉他们说："我很想做林原公司那种高附加值的生意。"就在此时，却传来了该公司出现经营危机的报道，但某下属仍然强烈主张"把它列为合作伙伴"。

我是那种只要部下说想做，就会同意，"去做吧"。但此时此刻，我真的犹豫不决了，高达 700 亿日元的收购资金以及"我们可能背不动它"的想法，让我想退缩了。我既想尊重部下的努力，又不想让它付之东流，真的左右为难，心烦意乱。

这时，公司的独立董事新美春之先生（昭和石油前董事长，已故）向我介绍了自己的经验，他劝我说："组建一支挑刺大队吧！"设立一支专门挑毛病的团队，你可以听取正反两方的不同意见。

于是，我立刻着手组建了该团队，他们不断指出了存在的问题，并告诉我说："我们尽管提出了许多不同意见，但也觉得这个项目值得做。"最后的最后，他们反水了（笑）。既然

"话已到此，那就干吧!"。我做出了最终决策。

下级想做的事，上级一定要让他去做，哪怕结果是失败的。如果不让他们去挑战，员工本人以及企业都不会成长。但是，如果真的失败了，比起公司和上级，他本人应该更痛苦。无论怎样被安慰，都会因自责而郁闷，或是遭到周围同事的责难而不得不辞职。对他们来说，这是一种难以磨灭的痛苦记忆。

世上没有不失败的方法。但是，因为有了专门挑毛病的团队，因为他们泼凉水和吹毛求疵的思维方式，替你把问题的恶果想到了极限，领导人就容易做出最佳决策了。有时，即便他们脸上写满了"我反对"，但你还是想去尝试，一旦自己真的失败了，到那时也能理直气壮地说："我没什么可后悔的。这种结果是我在精心思考的基础上做出的最终决定。"

（选自 2019 年 1 月 28 日访谈录）

参考资料

日本长濑产业公司成立于 1832 年，拥有近 200 年的历史，是日本十大商社之一。还是集研发、制造、贸易、市场开发于一体的全世界最大的专业化商社，海内外关联企业超过100 家。

046　员工的感性与天分拯救了公司

山本梁介

日本超级酒店（SUPERHOTEL）公司董事长

由于父亲过早去世，25 岁时我就接任了纤维批发公司总经理一职。在此之前，我在某贸易公司负责服装面料的经销工作，刚刚推出热销商品不久，就不得不返回大阪继承了家业。因此，对我来说，企业管理就如同虚幻的世界。于是，我翻阅大量的经营书籍，把严格的数据管理方式植入了公司的旧体制中。把客户按收益率大小分成若干等级，看不上眼就下令砍掉。在工厂里，我每天都把生产效率制成图表张贴出去。

这样做的结果造成了人心涣散，没有什么人愿意再追随我了，那些经验老到的员工随即抛弃了我，我最终不得不把公司的经营部门转让给公司里一名资历深的经理，并把工厂直接卖掉了。

我完全误解和错用了手中的权力，误以为生拉硬拽，让员工们百分之百地服从自己，就是正确发挥了领导力。其实，这是傲慢和缺乏人情味的表现。

这样下去的结果，经营不可能顺利。于是，我把手头剩下的房产开发成单身公寓，由于泡沫经济破灭，仅有的资产也遭遇了经营危机，被迫缩水了三分之一，没办法我才开办了酒店业务，可是住房率一直都上不来。

就在这时，我脑海里浮现了放弃家产时的那些沉痛教训。于是，我决心站在员工立场上考虑眼前的问题，多次与员工们围坐在一起进行"深入交谈"。慢慢地我发现了每一位员工的不同的特点，也察觉出他们各自具有不同的感性与天分。我决心给员工机会，让他们在工作中发挥出自己的感性与天分。我相信，获得这种机会，他们一定会变得干劲十足，也必将对公司的发展起到巨大作用。

从那时起，我走进员工中间，与他们交谈，倾听他们的意见，于是，我收获了各种各样的建议。即使到了今天，我每年仍会收到120件左右的改良方案。其中不乏一些当场就能采纳和推广的好建议。当然，对于大部分建议，我都先在某一酒店做试点，在获得顾客的问卷调查后，如果顾客满意，就开始向全国推广。没有被采纳的建议，就把它作为"宝藏"收藏起来，过几年后再把它拿出来重新推广使用。

最近，公司新开设了一家酒店。由于屋内有柱子的关系，房间很狭窄，放上床后几乎没有落脚之地，也没地方安装电视机。有人建议说："不如改装投影仪，在墙壁上播放超大画面，把它打造成放映厅模式的客房。"没想到这种销售方式大获成功，每晚超过1万日元的客房经常爆满。

好的建议不断被采纳，进一步激发了员工搞创意的积极性，员工的感性与人性也得到了锤炼，客人的满意度也自然而然地上来了。

特别是在去年北海道发生的地震中显现出了巨大威力，在基础设施停用、附近酒店停业的情况下，我们的酒店依旧继续营业。这并不是我下达的指令，而是各酒店经理们的自行决定。

电梯不能启动，就安排客人住进低层的客房。酒店员工为克服厕所没水，物资采购困难等问题，付出了千辛万苦。停业对他们来说也许更轻松，但他们千方百计地坚持营业，尽可能地为客人提供力所能及的酒店服务项目。此后，我们收到了大量的感谢信和邮件，也有特意赶来致谢的客人。

站在对方的立场上，自己主动地去思考去行动，打造出一个四肢健全、身强力壮的组织，也许这就是我心中向往的经营。

（选自 2019 年 4 月 22 日访谈录）

参考资料

日本超级酒店（SUPERHOTEL）公司成立于 1989 年 11 月，主营连锁酒店，在日本国内拥有 156 家以及海外 2 家连锁酒店。

山本梁介生于 1942 年，毕业于庆应大学经济系。1989 年 12 月，创立了超级连锁酒店，并担任董事长。被外界誉为"用每晚 5120 日元低价享受五星级酒店服务的'标准化酒店经营'的典范"。

第五章

创新篇

047 梦想才是创新之母

井深大

日本索尼公司名誉董事长

在英语中，发明（invention）与创新（innovation）的发音很相近，仅有微小差别。

所谓"发明"，就像爱迪生想到了电灯，从原理出发创造出某种新事物，但创新却是在商品性或制造方法上进一步进行了打磨。因此，对企业来说，现在最重要的不是发明而是创新。因为我们所处的时代与爱迪生的时代不同，现在已经不是新发明层出不穷的时代了。人们常说"需要才是发明之母"，但在这个物质丰富、商品琳琅满目的世界里，没有什么是我们迫切需求的物质了。换句话说，我们的社会里已经没有那么多"母亲"存在了。

与此相比，创新的种子还布满大地，问题是如何才能找到它们。因为我们的需求已经在某种程度上饱和了，很难再形成新的创新动机。我认为，只要能认真对待虚幻的梦想，创新就会源源不断地涌现出来。

　　索尼公司靠收录机确立了企业的根基，作为第二个成长阶段，我们正在致力于晶体管收音机的研发工作。那时，我们打算在普通的收音机里放入替代真空管的晶体管。刚开始时，我们集中精力搞晶体管收音机的改良工作，但生产出一百台收音机用高频率的晶体管，却只有几支能用，废品率极高。尽管如此，这并不意味着可能性等于零，我们相信只要孜孜不倦地寻找失败的原因，不放弃追求的话，总有一天会实现自己的梦想。

　　但没过多久，我们就遭受了巨大打击。因为听说美国的某家企业在这条道路上已经领先了我们，原本以为自己做的是空前的大事业，所以内心更感到无比惋惜。

　　那时，我突然想起了昭和初期（1925 年以后）自己在学生时代读过一本名为《无线电与实验》的杂志，里面描写了一个类似手表的收音机的故事。因为那是一个还没有晶体管的时代，所以只能算是一个虚构的童话故事。也不知为什么，我突然想起了那个故事，于是，我决定要去实现它。这就成了我想做一台可以装入口袋里的袖珍型收音机的启发。

　　要做袖珍型收音机，首先要把扬声器、变压器、电阻和电容等电子元器件小型化。"我们不做那些连样品都没有、危险系数极高的东西。"我不得不劝说那些脸色难看的元器件制造商，还时不时鼓励他们，终于他们按我的要求生产出了元器件。正如当初预想的一样，袖珍型收音机一上市就开始热销。

我终于将晶体管用在收音机里了，而且收音机的大小也正好能放入衣服的口袋里。做出来以后，回过头来再看时，我忽然觉得其实也没有什么值得大惊小怪的。如果我们的注意力只是被需求所吸引，也许就不会有这种能装入口袋里的袖珍型收音机的问世，因为那是个大家只需坐在家里收听收音机的时代。

如果我没在杂志上读过那段梦幻的故事，这个有助于索尼公司腾飞的收音机的创新就不会诞生了。所以说，梦想才是真正的"创新之母"。

（选自 1985 年 3 月 4 日访谈录）

参考资料

日本索尼公司是世界上著名的大型跨国企业，成立于 1946 年 5 月。经营范围涵括电子、娱乐、金融、信息技术等。

井深大（1908 年 4 月至 1997 年 12 月）索尼公司创始人之一，著名企业家、教育家。日本第一台磁带录音机、晶体管收音机等代表索尼的众多商品大都源于井深大的梦想。他是一名重视创造力、独特性的技术人员和企业家。

048 人生无惧起步晚

安藤百福

日本日清食品公司董事长

方便食品是战后新兴的产业。通过技术革新，使饮食生活省时省力，它已经深深嵌入了现代人的忙碌生活中。众所周知，引爆这种新产业的是方便面，而鸡肉拉面是方便面创新的起爆点。

自古以来，面食都是日本人喜爱的食物。但是，在我开发鸡肉拉面的 1958 年，乌冬面、荞麦面和拉面等都是由一些零散的小家庭作坊制作而成的，那时恐怕没有哪一个人会想到它能形成如此大规模的产业。我刚开始研究方便面时，就有人说过，"你不搞拉面，做点别的研究不更好吗？"那时，社会上对这种产品的评价并不高。

看问题就要看结果。鸡肉拉面问世后，却被赞誉为饮食生活的革命、"魔法食品"等。今天，日本方便面的年销售量为43 亿袋，全世界为 100 亿袋。方便面已经成为国际性食品。大部分食品加工技术都依赖进口的日本，只有方便食品是走向海外的为数不多的加工食品之一。由我播撒下的小小种子，在众多同行的加入下不断开花结果。全世界的人都高度评价它的存在价值，对我来说，真是感慨无限。

方便面的原理，拿到现在来看，许多人都会嗤之以鼻。但在开发阶段，我们却接连遭受了挫折。当时，我们制定了五个开发目标：好吃、方便、便宜、可保存和安全。为了一个一个地解决问题，我们几乎废寝忘食地埋头钻研。为了解决即食问题，必须加快热传导性。为此，我们开发出了新的油热干燥法，成功地制造出了多孔质面。虽然那时辛苦了一点，但现在回想起来却都是令人难以忘怀的美好回忆。所谓的方便食品是指可以当场食用的食品，并不是当场制作的食品。

那年我 48 岁了，人们都说我发迹太晚，但我并不认同。从小时候开始，我就历经千辛万苦，染指了许多产业，这种经历让我在战后的饥荒时代，深深地体会到了"民以食为天"的道理。我相信，所有过往的一切织成了一条看不见的绳索，慢慢连接到了我 48 岁的那一瞬间。杯装方便面是我在 61 岁时研发出来的，虽然现在 75 岁了，但是我仍然想让自己的新作品问世。在事业或人生上，不存在起步晚的概念。

日清食品已经成长为销售额 1500 亿日元的企业。在此过程中，我曾作为方便面的开发者被高高抬起，也被卷入专利的纠纷中，备受无中生有的中伤。这是人世间常有的事，我不在乎他们说三道四，我甚至觉得这让我能更专注于事业。

经常有人问我："最高等级的面是什么？"我认为，方便面不是嗜好品，它属于一种永不磨灭的食品。但作为企业，我们并没有只满足于方便面的生产，还制定了"为饮食和健康服务"的方针，积极地参与了多种经营，开发出了与生命科学有关的新美食医药品。

人们都说现代是饱食时代。事实果真如此吗？世界上每年仍有超过 1000 万人饿死。我认为，现实是食物分配不均衡以及食物资源慢性不足的时代。"食足世平"这句话是我们的企业理念，也是我们对自己企业的未来发出的自律之声。

（选自 1985 年 1 月 18 日访谈录）

参考资料

日清食品公司成立于 1948 年 9 月，为食品生产加工企业，以推出各种即食食品闻名世界。

安藤百福（1910 年 3 月 5 日至 2007 年 1 月 6 日），华裔日本人，本名吴百福，出生于中国台湾省，日本日清食品公司创始人、日本即食食品工业协会会长、世界拉面协会会长。影响世界的方便面即为他的发明，后来他又发明了杯装方便面，素有"方便面之父"之称。

049　勇于探索才能打开一条生路

西八条实

日本岛津制作所董事长

　　这是我近期出访美国一家飞机零部件生产厂家时发生的故事。该公司总经理热情地邀请我参观他们的生产车间，去了之后我反倒大吃一惊。

　　因为我长期从事飞机制造方面的工作，大约在 30 年前就曾到访过该公司，让我万万没想到的是 30 年后的今天，他们的工作方式与那时竟然完全相同。生产设备、制造工艺以及用工人数等，几乎没有发生任何变化。这次是他们主动邀请我参观的，可以说，该企业老板应该没有意识到自己已经落后了。

　　在日本的航空关联企业中，即便是在被称为劳动密集型企业的飞机装配厂里，也都使用了大量机器人。这件事让我深深地体会到，如果对生产现场缺少不断改革创新的思想意识，必将铸成无法挽救的大错。

　　今非昔比，如今这种情况同样也发生在我们日本人的身上。其实，日本制造业的身板也逐步显露出衰老的迹象。尤其让人担心的是，最近我国大学毕业生的素质有所下降，他们进入公司却不想去生产现场工作，以技术为由入职的人，几乎都希望到科研部门工作。当然，当今科技发展日新月异，个人能力涵盖的技术范围越变越窄，很难跨界到自己所学领域以外去工作，对此我也可以理解。但我实在没想到，不愿意去生产车间工作的人竟然这么多。

本公司一直都以技术为本，对科研工作不敢有丝毫懈怠，但是，拥有这么多缺少现场工作经验的技术人员，对公司的经营徒劳无益。一般说来，按照缺少现场工作经验的设计人员设计的图纸造不出合格的产品。并且，更让我担心的是，照此下去日本整个制造业的制造能力将持续下滑，后果不堪设想。

在我担任总经理期间，一直强调要把技术人员派到现场去工作。但是，只要我稍不督促，技术人员的身影马上就会从生产现场消失。我把负责人叫来询问理由时，他们就会说："因为开发项目人手不足，没办法只好把他们叫了回来。"万般无奈，我们之间经常重复着这种毫无意义的捉迷藏游戏。

另一个令人担忧的问题是，最近的年轻人越来越缺少吃苦耐劳和艰苦奋斗的精神。达到一定程度后，许多人就放弃了继续奋斗。只有勇于探索才能打开一条生路，如今的年轻人就是缺乏这种坚韧不拔的意志。有些人说，如今生活富裕了，不需要再为生计而勉强自己了。但在美国，即便生活富裕了，许多人还会坚持追求自己的目标。因此，我觉得这与生活水平高低应该没有直接的因果关系。我现在担任京都府网球协会的会长，在体育界也呈现出类似的倾向。

我上面谈了有关美国制造业的一些弱点，听说他们也在逐步改变中，如果美国能把自己的长处——勇于探索的精神融入到改变之中，日本就更不堪一击了。

日本的教育使日本年轻人追求自己的梦想以及极限的能力被阉割掉了，他们只能接受朝向完全相同的同质教育。比如说，在我的学生时代，我们接受的是"忠君爱国"的思想教育，很多年轻人都主动报名参加特工敢死队。我认为，到了我们要重新认识教育成果以及认真思考教育发展方向的时机了。

（选自 1993 年 7 月 26 日访谈录）

参考资料

日本岛津制作所成立于 1875 年，经营范围涵盖航空设备测试仪器、医疗器械及工业设备等。其光技术、X 射线技术、图像处理技术这三大核心技术，在全世界都享有很高的声誉。进入 21 世纪，岛津公司又在生命科学、环境保护等领域里不断地开发出新产品。

050 把"承包企业"发展成"共创企业"

佐佐木正

日本夏普公司顾问

最近，有一件事让我一直忧心忡忡，我担心照此下去作为支撑日本繁荣基础的中小企业将走向灭亡。

迄今为止，顺从母公司意愿的承包企业均被视为好公司。但是，到了物质极大丰富而商品越来越难卖的今天，母公司为降低成本，不得不开始砍掉承包企业，主动接手原承包企业负责的那块业务，并让承包企业转向接手附加值更低的业务。照此下去，这些承包企业的经营只会越来越艰难。

为此，这几年来我四处奔走，到处提倡"共创"这个词。所谓共创，就是指企业之间一起拿出本公司独创的专利技术，共同生产新产品。中小企业之间可以搞共创，与大企业之间同样也可以搞共创。它们不再是任由母公司摆布的"承包企业"，而是站在对等的立场上，互相交流专利技术，共同生产高附加值产品的"横向协作企业"。除此之外，中小企业已经没有其他活路了。如今，已经有相当多的中小企业认同了我的想法。

我今年 79 岁了，但为了实现这种多赢的"共创"局面，我专门成立了一家国际基础材料研究所，并亲自兼任总经理。我在日美欧都设立了办事处，与欧美的研究所及相关企业共同开发新材料。研究所用的机器设备不需要自己公司全部配齐，只需购入其他公司没有的仪器设备就行，需要时我们之间可以相互借用设备。

人才也可以用同样方式解决。自己公司不需要配齐全部所需人才，只需拥有特殊人才即可，不足部分可以借助其他研究所的力量。如果能在研究领域成功地实现"共创"的话，我相信，肯定会对开发、制造和销售起到"共创"的模范带头作用。

当然，在具体落实"共创"时，不仅需要对方提供专利技术，也需要向对方提供自己的专利技术。做不到这一点，就不可能真正形成"共创"的合作关系。遗憾的是，许多日本企业都缺少产生这种闪光点的土壤，那是因为它们被严重地同质化了。

为在内部挖掘出优秀的产品创意，本公司曾向全体员工征集创意。各部门在收集到优秀创意后，由部门领导选定满意的作品上交总部，最终颁发表彰优秀创意者的"总经理奖"。公司虽然大规模开展了该项活动，但效果并不理想，根本没征集到具有意义、石破天惊的创意。在我们还在尝试的过程中，反被员工人数比我们少的卡西欧公司抢先拿出了某种新产品，抢占了先机。

后来，我们重新复查了所有创意，才察觉原来本公司也曾有人提出与卡西欧公司相同的创意，但在初选阶段就被筛掉了。进一步调查后我们又发现，各部门上交的都是那些既安全又不惹事的创意，而被视为异类的创意全被他们排除了。

真正具有划时代意义的创意，其实与化学反应一样，只能从那些持不同看法的人身上找出来，由相似人群组成的性质相同的组织当中是不可能产生出石破天惊的创意的。在日本，上司一般都会选择与自己想法相似的人做下属，我认为，只有从这一点出发对公司进行改变，才能确保我们的企业在 21 世纪也能存活下去。

（选自 1994 年 9 月 12 日访谈录）

参考资料

日本夏普公司是一家电器及电子公司，成立于 1912 年，创始人为早川德次。

佐佐木正是夏普公司前任副总经理、顾问，2018 年 1 月 31 日去世，享年 102 岁。他被誉为"电子计算器之父"，成功开发出液晶电子计算器。成为今天每个家庭或每个学生必备的计算工具。

051 认真、踏实、拼命

丰田章一郎
日本丰田汽车公司名誉董事长

我于 1998 年结束了日本经团联会长的任期，又于 1999 年 6 月底辞去了丰田汽车公司董事长一职，但迄今为止仍有一件事让我忧心忡忡，就是我对日本制造业的未来始终放心不下。我一生都倡导要重视制造业，说到此处，有人会说您都这么大岁数了，还操那份闲心干啥。但我还是想借此机会说给你们听听。

我进入丰田汽车工业公司（现丰田汽车公司）工作是在战争结束后的第七年，即 1952 年。由于遭受战败冲击，当时日本汽车业界人士对自己的未来都丧失了信心。日本金融界也认为，日本没有必要单独发展汽车产业，汽车生产可以交由欧美国家去做。对此，我仍记忆犹新。

进入公司工作的第五年，那时我 32 岁，获得了参观德国大众汽车工厂的机会。这次参观令我大吃一惊，大众汽车一天能生产出 2000 辆汽车，而当时丰田公司每个月才能生产出

2000 辆汽车。我不知道如何才能缩小这种差距，这才是让我目瞪口呆的缘由。参观时，我问他们在工厂里能否拍照，他们的回答是"在任何地方都可以拍照"。我琢磨着，他们内心认定无论如何对手都赶不上自己，应该对自己非常有自信吧。

于是，我开始深度沉思了。我想，即使我们引进了相同的生产设备，并以同样的方式生产汽车，我们可能还是赢不了他们。那么，我们该怎么办呢？

最终我得出的结论，是我们的生产技术和人才现在还比不过他们。换句话说，就是我们在制造上技不如人。在使用相同设备的情况下，我们能更高效地生产出汽车吗？我觉得在提高技能方面，我们还有无限发展的空间。只要提高每一位员工的技能，我相信终有一天我们一定会赶超欧美的。从那以后，我开始认真地、踏实地、拼命地去做每一件事。经过不懈的努力，我们最终实现了质量管理、目标管理以及多品种少批量的生产模式。

现在是计算机的全盛时代，许多厂商都能够做到只需坐在办公桌前轻轻一按电钮就能对汽车发动机进行模拟测试，但我仍然要求员工用自己的耳朵去听引擎声。我希望他们能通过亲自动手操作，掌握从发动机运转的声音中判断出引擎故障的本领。掌握这种技能对日本制造业来说是绝对必要的。

我一直从事制造业，坚信也只有制造业才能带给日本光明的未来。另外，我觉得在教育上日本的技术人员还欠缺一些常识和素养。

我希望能多培养出一些不仅掌握技能和技巧，而且有素养和懂管理的优秀人才。这样做，可以为日本增加创业机会，更多地盘活中小企业，进一步振兴日本的制造业。为此，我才决定接受国际技能工艺大学（现改名为国际制造大学）筹建财团会长一职。

现在，在年轻人中间，存在着一种日本制造业过时论或者说当一名制造业工人丢脸的风气，我对此非常担忧。这也许是日本人一直传承的"认真、踏实、拼命"的美德正在逐步消失的一种表现。正因为如此，我绝不允许"日本制造"绝迹于我们这一代手中。

（选自 1999 年 7 月 9 日访谈录）

参考资料

日本丰田汽车公司是一家同时在东京证交所、名古屋证交所、纽约证交所和伦敦证交所上市的日本跨国汽车制造企业。

丰田章一郎是丰田汽车公司创始人丰田喜一郎的长子。1982 年从叔父丰田英二手中接下当时世界排名第三的这家汽车企业，经历过三次日元升值，他不断降低成本，扩大销售，进一步发展壮大了丰田公司。1998 年成为荣誉董事长。

052　从 500 多封堆积如山的投诉信中找到了公司的活路

大星公二

日本 NTT 都科摩公司董事长

我为自己的工作感到骄傲。你们瞬间产生过这种感受吗？

三年前，我还在担任总经理时，收到过一封陌生女子的来信。热恋中的她不顾父母反对，毅然与心爱的人私奔了。父女关系从此断绝，父亲不愿意再与她讲话。后来，她父亲患上了癌症，而且时日不多了。父亲卧床不起，她赶去医院探望父亲，但父亲转过身去，完全不理睬她。于是，她对父亲说有事打电话，就把手机放在父亲枕边回去了。

到了第三天晚上，父亲果真打来了电话。虽然父女面对面不讲话，但通过电话可以交谈了。从那以后直到去世前的两三个星期，每天晚上他们之间都用手机通话一小时。她说 30 年父女情的空白一下子就被填补了，她觉得真好，也很感激我。

另外，我还想再聊点其他的闲话。这件事发生在一家咖啡馆里，一位女白领坐在我身旁的桌前喝茶，看上去无精打采的。突然，她从包里拿出手机，叽叽喳喳地聊了起来。我无意中听了她的电话，对话内容都是一些东拉西扯的闲话。但是，大约十分钟之后，她的表情完全变了，看上去好像换了一个人。对我们人类来说，除了吃和睡之外，最重要的应该就是人与人之间的交流了。

实际上，我从客户那里学到了许多东西，我们 NTT 都科摩公司从一开始就建立了这种良好的传统。

本公司是 1991 年从日本电信电话公司（NTT）分离出来的，当时谁也没有料到手机会如此火爆和普及。其实，说起来脸都红，因为我也完全没有想到会发展到如此地步。当时日本国内的手机有 600 克重，价格也是美国的两倍左右。作为总经理，我心里没底，但嘴上又不能说。于是，我决定先从处理顾客投诉和顾客满意度调查问卷入手开展自己的工作。

在此之前，没有人读过顾客的投诉信。他们把堆积在书架角落里沾满灰尘的信件拿给了我，大约有 500 多封，我只好带回家通宵阅读，一晚上就读完了。

于是，我才知道这些投诉信简直就是一座藏宝山。手机使用者初次加入时，收取约 5 万日元的入网费，再加上当时手机不零售只租用，公司担心手机不归还，还额外收取 10 万日元的保证金，这种做法太苛刻，简直就如同把客人挡在店门口不让进店一般。

为了改变成本结构，我们全面改造了网络，降低了成本，减轻了手机重量，把该做的工作都做了，最终从 1993 年 10 月

1 日起，全面取消了手机保证金。我永远忘不了那一天，因为取消了保证金制度，与上个月相比，当月的销售额立刻就翻了三倍。

最近常说的一个话题是，日本手机普及率已超过了美国。为此，有人对我说："大星先生，还是你运气好，有幸搭上了顺风车。"对此，我非常自负地说："别开玩笑！不是我搭顺风车，而是我自己亲手刮起了这股风。"正是因为我认真听了风声，也就是倾听了消费者的心声，才成就了今天的 NTT 都科摩公司。

（选自 1999 年 12 月 6 日访谈录）

参考资料

日本 NTT 都科摩公司是日本最大的移动通信运营商，拥有超过 6000 万手机用户。都科摩（DOCOMO）这个名字取自"Do Communication over the Mobile network"（电信沟通无界限），日语有"无所不在"的意思。成立于 1991 年 8 月 14 日，日本上市企业。

大星公二生于 1932 年 4 月，日本著名企业家，被誉为"日本通信之父"。历任日本 NTT 都科摩公司总经理和董事长。

053　公司总部绝不能远离生产工厂

铃木修

日本铃木公司董事长

　　我十分看重"总部直辖工厂"。因为我确信，只要是从事制造业的，靠生产产品维持经营的企业，决定经营方针的公司总部绝不能远离所生产产品的制造现场。

　　43年前，我作为养老女婿入赘铃木家。因为有过工作经历，所以我不属于新入职人员，被称为"中途入职者"。进入铃木汽车工业公司（现为铃木公司）后，我直接被分配到经营计划科工作。但是，当时车间里的实际生产流程与经营计划科在办公桌上凭空设计出的方案反差巨大，甚至已经不能用"差距"形容了，几乎可以说是南辕北辙了。

　　当时，岳父是总经理，我求他帮我换个部门工作。尽管我年轻，但我也懂得"厂家能否制造出好产品的关键来自生产车间"的道理。对制造商来说，在生产现场制造出合格的产品是首要问题，而各种体系或制度等，只要慢慢跟上来就行。仅过了一个星期，我就调换了工作。

从那以后，我的人生一直都与生产现场息息相关。开始时，我被调到了工程管理科。那时，公司主要生产摩托车，只要外购的零部件库存不足，我就马上骑上摩托车奔向外包工厂去取外购的零部件。

时至今日，我仍然记忆犹新。厂领导催促我说："快点把货取回来，否则流水线就要停工了！"于是，我跨上摩托车，飞奔到外包工厂，把刚生产出来尚有余温的 20 多片摩托车挡泥板装上摩托车，迅速返回工厂。当时的流水线是那种手推式传送带，经常由于各种情况被迫停转。所以，从那时起，我就深深地懂得了"时间就是金钱"这个硬道理（笑）。

就这样辗转无数次后，由于这次要在爱知县的丰川市首次批量生产轻型卡车，岳父就派我去担任了筹建委员会的组长。那是在进入公司工作一年半以后，那年我 32 岁。

从经营计划科起，岳父就盯住我不放，也许是他想试试我这个"骄傲自大"的养老女婿到底有没有真才实学。我当然不能让他失望，于是带着四五名 30 岁左右的年轻人参观了前辈公司马自达的四轮车生产工厂。回来后，我们就开始照葫芦画瓢，拼命模仿他们搞生产。从那时起，我的想法就再也没有改变过，我认为对制造商来说应该把钱砸在工厂上，设计出再好的产品，也得靠生产车间制造出来，只有造出好产品才能保证热销，所谓的管理根本不需要。

日本的制造业之所以还能保持强劲的势头，正是因为在现场工作的那批人水平很高。特别是他们的成本意识，应该属于世界顶级水准。例如，某个工序的机械加工时间是 3 秒，如果缩短 10% 的话，也就是要在 2.7 秒内完成。降低 0.3 秒，很多人都会不以为然。但就是这区区 0.3 秒，你们千万不要小瞧它，当我们要生产一百万个、一千万个甚至是一亿万个时，节省出的时间成本令人无法想象。

为了在经营上时刻保持成本意识，就不能把总公司与制造厂分开。前些日子，我见到了日产汽车公司的某位管理者，他亲口对我说，我们把总公司设在东京的银座是最大的失策。

铃木公司的总部至今仍留在静冈县滨松市高冢町的制造厂旁。自创业以来，我们从来没有改变过总公司必须直辖工厂的想法，今后也不会改变。

(选自 2001 年 3 月 5 日访谈录)

参考资料

日本铃木公司成立于 1920 年。1952 年开始生产摩托车，1955 年开始生产汽车。主要产品有汽车、摩托车、舷外机、摩托艇、电梯等。1984 年首次提供技术给中国市场，也是最早进入中国市场的日本汽车企业之一。

054 为科研人员营造出可以"隐蔽搞科研"的自由氛围

金井务

日本日立制作所董事长

"半导体、数字计算机、核能"是我在 1958 年入职日立公司时，日立中央研究所提出的三大科研主题，但上述三项主题最终为日立公司的经营做出贡献是在十年之后了。在此期间，公司负担了所有的研究开发经费。技术是日本制造业的根本，加大技术投入必不可少，也势在必行。

科研经常被抱怨不赚钱，为此，有些企业削减技术投资，追求短期效益，这样做纯属鼠目寸光。开发有利于日本国家利益的技术是日立公司的宗旨。日立公司是一家综合企业，在各个领域开展着不同的业务，其中的基础研究对社会的贡献最大。我们也坚信，技术上的贡献应该比提高利润对社会的贡献更大。这就是日立的"DNA"（遗传基因）。

20 世纪 90 年代后期，整个日本变得光怪陆离。股价暴跌，国家降格，企业降级。那时，摆在企业面前的第一要务是拯救国家，公司也不得不采取了优先恢复追求经济利益的策略，这些都是实情。但是，尽管当时电力业务不赚钱，日立公司也不可能放弃这项民生事业。不管怎么说，电力事业都属于国家的公共基础设施，电力事业及电力技术对日本来说，是不可或缺的。

今天，在政策上，国家与产业对电力事业各自应发挥的作用已经发生了变化。举个例子，你们可能不知道位于东京市北之丸的国家科学技术馆属于民营性质的企业。情况是这样的，1960 年，当时日立公司的仓田主税总经理被推举为会长，同时邀请了东京电力公司、东丽公司以及新日铁公司等，联手出资设立了科技馆的运营母体，共同筹建了这所国家科学技术馆。但是这件事如果放在今天，这种做法就行不通了，最多也只能采取以国家建立为主，委托民间管理为辅的运营模式。今天，科研领域里的基础研究由国家和大学承担，与商业近似的科研是由民间承办的。

应该允许企业技术人员追求自己的科研梦想。企业家不应该干涉科研工作，科研权力应该下放到基层科研部门，甚至应该为科研人员营造出一种可以在暗地里偷偷搞科研的自由氛围。

我也应该检讨自己犯过的错误。我曾向参与人类基因组解读装置研究的中央研究所的神原秀记询问过："这种东西将来有发展前途吗？"他答道："这种测量设备大概能卖出 10 台、20 台吧？"于是，我就说："那就停止研究吧。"但此后他发明了这种装置，并荣获 2001 年度表彰生产技术突出贡献者的"大河内奖"。如今，这种产品已占据了世界市场 80% 的份额。都说企业家能洞察未来，但我觉得最多也就能看透未来五年时间吧。说真的，对研究成果的判断更是难上加难。

在日本，以科学立国为目的的产官学结合（产业、政府和学界——译者注）体制已经步入正轨。两三年前，在 IT（信息技术）和生物技术领域，我们曾担心会被美国领先，会被韩国、中国赶上，但现在这种担忧正在消失。在纳米技术方面，我们是世界的领头羊。我相信，以高科技为基础的日本制造业一定会早日恢复国际竞争力，数字家电和汽车制造业一定会进一步拉动经济增长。

（选自 2004 年 2 月 9 日访谈录）

参考资料

日本日立公司成立于 1910 年，日本的全球综合跨国集团。经营范围涉及能源系统、铁路交通系统以及医疗保健系统等。

055　只有"科学之心"才能突破日本极限

江崎玲于奈

日本横滨药科大学校长

科学诞生于西方。一种说法是起源于以亚里士多德的几何学为代表的古希腊发达的形式理论体系，另一种说法是来源于16—17世纪文艺复兴时代由伽利略等人提出的对现象因果关系进行实验验证的方法论。

科学诞生了先进技术，技术造就了国家力量。19世纪以后，在人口上属于少数派的西洋人之所以能统治世界，是因为他们以科学为基础的强大技术碾压了全世界。在东洋，日本是第一个意识到这种巨大威力的国家，明治以后不惜一切代价引进了大量的科学技术。去年迎来了建校130周年的东京大学等高等学府，正是高效地吸取了西方科学成果的相关机构。

但是，我认为，日本人只是被科学创造出的华丽"成果"所吸引，还没有真正触及根基的"科学之心"。

所谓"科学之心"就是对事物从理论上进行分析的思考力。它不仅局限于科学和技术上，对西方的政治、经济以及社会的各个领域都产生过巨大影响。社会科学的发展产生了民主主义的思想，团结了民众力量掀起了"法国大革命"。很遗憾，带给日本真正的民主主义却是那场失败的战争。

在那场战争中，日本以"齐心协力共同战斗"为目标，迅速走向了极权主义，为此，失去了 300 万年轻的生命。可是，西方二元论思维模式设定的却是"胜"与"负"，它不仅要考虑"如何取胜"，有时也要一边考虑"如何高明地失败"，一边进行战斗。结果，日本与西方之间产生的差距就一目了然了。战后，日本虽然打出了"技术立国""制造大国"的旗帜，但仍然无法接近科学的精髓。今天，日本的社会发展全面受阻，而我们却不知道如何排除阻力，只能原地踏步，这就是最好的佐证。

有些担心日本未来的人会说，只要我们"再拼命点干""再认真点做""再多出点力"就能挺过去。但是，仅仅改善或改良过去的做法是无法从根本上实现突破的，只停留在过去的延长线上，日本看不到光明的未来。

我是 1947 年大学毕业的，那段时间是电子管发展的巅峰时期。空袭日本本土的 B-29 轰炸机，每架飞机里都使用了上千支电子管。但是，无论怎样研究和改良电子管，都没能生产出晶体管收音机和 IC。成为突破极限的原动力来自能量被量子化的全新理论。

今天，日本人必须通过"科学之心"彻底搞清楚以下三个问题。即：什么是问题？还不了解什么？极限在哪里？其实，对我们来说，重要的不是解决好交给自己的问题，而是要主动出击去寻找那些亟待解决的问题，并逼近问题的核心。最终，确定极限，并发起挑战。我认为日本能否改变，成败在此一举。

我欣赏法国思想家、哲学家笛卡儿的那句"我思故我在"的名言，意思是我无法否认自己的存在，因为当我否认、怀疑时，我就已经存在了。所以，我相信，能够发挥出孕育新生事物创造性的只能是确立了自我的"个人"，没有例外。因此，进步的原动力就来源于我们每个人的心中。

（选自 2008 年 1 月 7 日访谈录）

参考资料

江崎玲于奈生于 1925 年 3 月，毕业于东京大学。因在半导体中发现电子的量子穿隧效应获得了诺贝尔物理学奖。

056　只有敢于放弃才能再次快速腾飞

福井威夫

日本本田公司顾问

2008 年 12 月，我在总经理任期内做出了退出"一级方程式大奖赛"（F1）的决定。我本人也是因为喜欢 F1 赛车比赛才进入本田公司工作的。本公司于 2006 年再次加入赛车比赛后，经过近三年的历练，技术水平大幅提升，极大地增强了获胜的自信心，从时间上讲到了我们收获比赛胜利的时候了。当我脑海中浮现出许多技术人员和教练员的面孔，让我在痛苦的煎熬后，艰难地做出了退赛的抉择。

但是现在回想起来，我觉得当时做出的决策是无比英明的。那段时间，由于美国雷曼事件，世界范围内的汽车销售量急剧下滑，本田公司的销售业绩也急速下滑。在这生死攸关的时刻，我们应该做的是最大限度地保住工作岗位，争取不给社会添麻烦。当然，退出的理由也不止于此。

主要是汽车产业进入了新时代，我们必须全力以赴适应时代发展的需要。随着新兴国家的成长，汽车已迅速普及，汽油消费量大幅增加。我认为，高油价不是暂时的，而会长期持续下去。

本田如果在节油上不能生产出具有突破性改良燃效的车型，今后将无法生存下去。基于这种想法，才做出整合经营资源的决定。因此，不仅仅是退出 F1，为了适应新时代的要求，我们还舍弃了尚已开发成型的跑车"NSX"以及"S2000"等车型。为了获取最珍贵的东西，有些时候需要按照先后顺序，舍弃排行第二或第三的东西。

于是，我们把开发 F1 的技术人员果断地转移到混合动力车等低耗油量的汽车开发上。继"洞察"之后，我们加快了"飞度"和"雅阁"等混合动力汽车以及小排量轻型汽车的开发。在环保领域，本田的存在感直线上升。从结果上看，雷曼事件中，本田是最早东山再起的公司。

做出艰难的抉择，舍弃宝贵的东西，但收获反而更大。

其实，在创始人本田宗一郎领导的年代，本田公司也曾有过类似的经历。那是在 1968 年，本田也曾从 F1 撤出过一次。在那以后，经过技术人员的艰苦努力，终于通过了当时被称为世界上最严厉的美国《排气限制法》中的《马基法》。我自己也参与了 CVCC（复合涡流燃烧系统）发动机的研发工作。1973 年，思域的发售爆炸式地畅销了，成为本田在美国市场销售腾飞的一次契机。

有舍才有得。只有敢于放弃，本田才能再次腾飞。所以，我心里一直认为，2008 年撤出 F1 大奖赛是一次绝佳机会。本田在二轮摩托车的生产销售方面位居世界第一，但在四轮汽车方面还有许多大公司领先于自己。正是在竞争对手迟迟按兵不动的时候，本田才更有必要迅速出击，灵活地开展行动。

本田计划从 2015 年开始，以提供发动机等动力装置的形式再度加入 F1 大奖赛。今后，本田公司将加大对刹车、热能再利用以及降低油耗等的研发工作。虽然这些都是现任管理层做出的决策，但我能理解他们要重新拾起这些项目的真实目的。

（选自 2014 年 2 月 24 日访谈录）

参考资料

日本本田公司是世界上最大的摩托车生产厂商，汽车产量和规模也名列世界十大汽车厂家之列。1946 年 10 月创立，创始人是传奇式人物本田宗一郎。如今，本田公司已成为一家大型跨国汽车、摩托车生产销售集团。

福井威夫（1944 年 11 月 28 日生）毕业于日本早稻田大学应用化学专业。2003 年接任总经理，2009 年退位，曾经是赛车手。

057 让技术人员自觉认识到与世界第一之间的差距

金井诚太

日本马自达公司董事长

"最高目标是瞄准世界超一流水平，最低目标也要确保世界一流水准。"

豪赌企业命运的马自达新车型阿特兹（ATENZA）在主审阶段被选中时，我曾以"阿特兹之志"为题写了一篇文章。其中，我提出了四个目标，而第四个目标就是上面这段话。该车型最早开发于 1998 年，那时马自达公司还在美国福特汽车公司的麾下，经营状况并不乐观。如何才能在福特集团中彰显"马自达风格"，求得生存？"阿特兹"的第一号车被赋予了重要的历史使命。于是，我们把"设计开发新一代中高级轿跑车的旗舰车型"作为目标，喊出了"最低限度也要达到与世界领先级车型相提并论的水平"的口号。但是，如果我们连世界第一到底是什么水准都搞不清楚的话，这句口号也就只等同于一句空话。为此，我们从世界各地购买了有可能成为竞争对手的车型，彻底地进行了试驾，展开了数据分析并对车辆进行了分解研究。在此基础上，我要求技术人员认真思考"我们的车子与它们相比差在哪里，在重量、性能和成本上能否超越它们"。

当然，当时我们也与竞争对手的车型进行了对比。得出的结论基本上都是，"与 A 车相比，我们输在这里，不过，由于某种原因，我们暂时还无法解决。但与本公司以往的车型相比，这里和那里得到了改善"。我对此很反感，拒绝接受这种说法，要求他们拿出实据加以说明，同时必须提出相应的突破方案。我向他们宣布："从今往后我再也不想从你们嘴里听到'与以前相比'这句话。"

我之所以要求他们按最高标准造车，最大目的就是希望所有的工程技术人员都能充分认识到"自己的技术与世界一流水平相比差距在哪里以及达不到的理由是什么"。换句话说，就是希望我们的工程技术人员"知耻而后勇"。因为只有让他们亲眼看到一些高性能的零部件用自己的现有技术还不能生产出来时，才能让他们真正感觉到现实的严酷性。开始阶段，让他们去拆解和模仿都没有关系，这样可以保证我们的汽车能够达到最低限度的"一流水准"。然而，在接下来的日子里，他们就会拼命地思考"为什么他们行而我们不行"的问题。慢慢地他们就会想出自己独特的做法，开辟出一条通往超一流技术的大路。

2005 年，我在担任研究开发部门的总负责人时，就把这种做法推广到了全公司。"到了十年后的 2015 年时，马自达的各类车型怎样才能在激烈的竞争中争取世界第一？"我让他们花了整整两年的时间去思考这个问题，并让他们仔细研究和参照了其他厂商的汽车，进行了大量的技术验证。2012 年陆续开始发售的 CX-5 等新车型就是从那个时候开始构思的产品。

任何人面对世界第一都能主动承认"自己输了"，但由于人性所致，人们也会为自己的失败找出各种借口。所以，为了能让他们正视失败，不再找借口，上级领导就必须下定决心为他们消除在"时间"和"预算"上的各种束缚和限制。譬如，第一代阿特兹的行走系统在批量生产之前进行过大规模设计变更，大范围使用了一些尚不成熟的新技术；2005 年时，我向技术人员提出了我的要求，"一是不要给生产设备和投资额随意设定上限，二是放弃与现存车型整合的想法，三是设计思路要从技术进步的最高层次出发。"

我能够这样想，是因为我在 30 岁时认为"自己已经完全掌握了行走系统的设计"，但在汽车专用高速路上试驾过一台德国车后，我的心灵受到了严重创伤，那种懊悔让我至今难以忘怀。从那时起，我就暗下定决心，"作为一名技术人员，早晚有一天我一定要赢回来！"这种想法就是支持我努力开发新产品，争取走向世界第一的原动力。

（选自 2015 年 9 月 21 日访谈录）

参考资料

日本马自达公司成立于 1920 年，1940 年开始生产小轿车。1967 年与汪克尔公司签订协议，取得转子发动机的生产权，从而开始了马自达公司的高速发展期。从 1967 年到 1979 年，公司累计生产马自达轿车 1000 万辆。1992 年以后，马自达尝试进入中国市场，海南马自达开始投入运转，2006 年与海南汽车的合作终止。2019 年在华销量约 23 万台。

058　独特的普遍价值才是开展全球化的前提条件

伊藤雅俊

日本味之素公司董事长

追溯人类历史，饮食就是为了摄取营养，从"吃营养"的意义上讲，饮食具有世界共同的普遍性。但是，今天的饮食被赋予了更广泛的意义。关于美味的定义以及美食的享用方法，由于各国历史和文化发展的不同，存在着很大差异。若想在饮食领域里实现全球化，就必须在了解这些不同饮食习惯的基础上开展工作。饮食文化与家电生产和汽车制造不同，后两者是用单一形式向世界提供商品的商业模式。

众所周知，在日本国内，几乎没有哪一家外国企业能在日式料理的经营上与日本本地餐饮企业一争高下。这就充分说明了外国企业在异国他乡经营当地饮食文化的困难程度。当然，也有把日本没有的商品带入日本社会取得成功的例子。巧克力和葡萄酒就是这些舶来品的代表作。

巧克力和葡萄酒之所以能在日本扎根，是因为它们作为大众嗜好品具有普遍价值。另外，在日本饮食文化中，能够适应世界口味并具有普遍价值的大众嗜好食品少之又少。尽管如此，迄今为止仍有许多日本企业把自认为有那么一点普遍价值的日本商品带到了国外市场。

今后，日本的食品厂商能否实现全球化，取决于在多大程度上开发出在世界各地通用的具有普遍价值的商品。那么，我们生产的"味之素"的普遍价值在哪里呢？我认为是在"鲜味"上。

味之素公司创立于 1909 年。当时，东京大学教授池田菊苗发现了人类舌头除了能感知"甜味""酸味""苦味""咸味"四种基本味道外，还有第五种味道存在，那就是"鲜味"。本公司成立后的第 9 年，就在美国的纽约开设了办事处。因为我们认为美味是属于全世界的。

但是，迄今为止，味之素真的把鲜味提升至具有普遍价值的高度了吗？我觉得做得还不够。因为我们对自己靠什么生存下去的定位一直没有搞清楚。在我出任总经理期间开始实施的改革，说到底，就是为了明确定位而采取的补救措施。如果不采取这种措施，我们就会在全球竞争中陷入危险境地。

我们味之素公司的独到之处在哪里呢？是被科学证明的那种独特的鲜味。在饮食中加入鲜味的话，即使减少盐分和脂肪，也能让人们获得满足感。如果能用科学证明鲜味的效果，并把它们一同传播到全世界，同时一并提出均衡的饮食生活方案，我认为味之素公司一定能够成为全世界人民不可或缺的企业。

今天，营养摄取过剩已经成为严重的世界性问题。随着经济富裕，食品加工度不断提高，越来越多的人开始不自己做饭了，任何食物都可以轻易吃到嘴里，胖人因此变得越来越多。既然我们从事的是食品行业的工作，就有责任协助社会解决这些难题。

任何日本产业若想在世界舞台上与自己相关的领域里一争高下，就必须采用日本独有的、国外竞争对手不具备的普遍性技术来一决胜负。因此，如何才能发现并完善这种普遍性技术，不仅是对我们自己，对许多日本企业来说，都是必须面对的共同课题。

（选自 2016 年 5 月 9 日访谈录）

参考资料

日本味之素公司创立于 1909 年。"味之素"即是我们今天使用的味精，意思是"味道的根本"。日本味之素公司是世界上最大的氨基酸供应商，全球十大食品企业之一，在全球拥有 114 家企业，主要生产氨基酸、加工食品、调味料、冷冻食品等。2018 年营业额 103 亿美元。在中国设有 18 家企业。

059 "疯狂想法"造就了独一无二的大事业

林春树

日本安徒生面包生活文化研究所董事长

虽名为研究所，其实我们就是一家股份制企业，旗下拥有安徒生和高木面包等面包生产企业。高木面包的系列产品"石窑面包"每个重 600 克，大约卖 290 日元，虽然比超市里其他公司的产品价格略高一点，但自上市以来一直热销不衰，已经成为市场上的抢手货。

这种面包是两年前突然去世的 69 岁公司老板高桥诚一生前创意发明的。14 年前，在改建冈山工厂时，他提出了必须重新审视批量生产面包的原有生产模式。从那时起，公司就决定放弃使用大型面包生产设备，正式采用了石窑烘培面包的独特生产方式。

作为企业富二代的高桥诚一很喜欢 "Something Crazy, Something New"（创意源自狂想）这句话。一开始时，在任何人眼里这都是一个非常不切实际的创意，而当把它做到了只有自己才能做到的独一无二的地步后，再回头看，就会觉得

"原来不过如此"。事实上，石窑烘培面包就属于这类情况，开始时，所有人都认为这种创意纯属异想天开。虽说用石窑烘焙出的面包很香，但生产效率极差，价格也比较贵。尽管那时本公司在面包行业已经排名前四了，但还是下定决心推倒重来，决定制作其他公司做不来的面包。

在此过程中，最辛苦的是营销工作。对超市来说，面包是每次促销打折活动的重头戏，尽管本公司一再要求不要降价，但还是不定时被贱卖。我和营销人员一起走访了各超市的店长，并邀请他们参观了石窑面包烘焙工厂。此外，公司还聘请了酒店大厨为石窑面包配置了合适的食谱。日积月累的结果，大家都认同了不需要打折降价，石窑面包也能畅销的事实，经销我们面包的店铺也开始猛增。

其实，本公司创始人高木俊介在更早的时候就做过令人瞠目结舌的事情。1946 年他从战场返回故乡广岛后，为了实现让所有人坐在家里就能享受美味饮食乐趣的梦想，1948 年他就开始生产和销售面包了。到了 1972 年，他发明了一项面团冷冻法的技术，并获得专利。但他毅然放弃了专利权，公开了技术。他认为，与其自己垄断专利技术，不如把享受美味面包的幸福生活带给更多的人。

我本人在酒店行业工作到 56 岁，受高桥诚一邀请进入公司工作。我们两个人同龄，我是在 43 岁时被上一家公司派到美国的某大学研究生院进行研修时与他相识的。我进公司前，他在公司一直保持着创始人的经营方式，导致公司里弥漫着一种只能按照他说的去做才有发展前途的霸道气氛。我觉得，高桥诚一是有了改变公司的想法才向我发出邀请的。

进公司后，我也没做过什么大事，只是努力记住与我一起工作过的每一位员工的姓名，争取见面时能叫出他们的名字。我还把每一位员工的工作以及生活状况尽力记在脑中。为什么我要这样做呢？举个例子，当你在山上看到一棵树，如果不能叫出树的名字，它就是一棵极其普通的树。但如果你能说出"这种树名叫七窑木，放在石窑中烧七次也烧不尽"之类的话，旁人会怎么看你呢？我猜，他们看你的眼神会大不一样。归根到底，工作还是要靠人与人之间的沟通与交流。当员工们知道有人在关注自己的工作和努力时，就会激发出他们为自己和公司努力工作的热情，并使其迅速成长起来。

我进入本公司比较晚，从时间上看，周围人都是我在公司的前辈，所以，早晨我比其他任何人都早到公司，然后打开办公室的窗户换上新鲜空气，做好迎接同事们上班的准备。在工厂里，我穿着工作服带头打扫卫生。旁人会说，你都是董事长了，为啥还这么做？其实，我是把组织倒过来看的，我没有把总经理和董事长看成金字塔尖上的人物，而是视为最下层的工作人员。尊重与你一起工作的同事们，努力培养出一大批具有"Something Crazy，Something New"的创意人才，这才是我应该肩负的重要使命。

（选自 2019 年 4 月 29 日访谈录）

参考资料

　　日本安徒生面包生活文化研究所成立于 1948 年 8 月，总部设在广岛市。

第六章

活法篇

060　谋事在人，成事在天

天辰祐之郎

日本大洋渔业公司（现玛鲁哈日鲁集团）董事长

长夜漫漫的大海上，响起单调的引擎声。仰望寂静的夜空，繁星向我眨着眼睛。

没有在海上生活过的人，也许会觉得这一切都十分浪漫。但对船员们来说，这时候看到星星会让自己更加寂寞难过。他们的心头会涌起一种无名的孤独感，更加感觉到星星离自己好远好远，备受孤独和寂寞的煎熬。

大自然既严酷又庞大，一不留神就会把我们一口吞噬掉。这是我长年乘坐渔船留下的感受。在这种生活中，我切身体会到尽人事的重要意义。

战争刚结束时，我驾驶的是一艘小型拖网渔船，我是船长兼捕捞长，那时刚满 27 岁。在海上一切全靠船长，我要带领船员在惊涛骇浪的海上捕鱼，并且还要保证十二名船员的生命安全。这就需要我未雨绸缪，发生各种突发事件，该采取什么措施，提前做好应对措施。

　　例如，要提前给那些空闲下来的船员指派工作，比如让他们去系紧渔船上某些松动的绳索等。当然，要提前做好防止风暴突袭的准备工作，但一旦真的遇到了暴风雨，还会有一些事前预想不到的事情发生。所以，作为船长，就需要我具备随机应变的能力，关键时刻绝不能掉链子。严酷的大自然要求我们必须付出百分之百的努力。

　　在这种恶劣环境中成长的我，自然而然地就养成了一种遇事绝不拖泥带水，碰到困难就会拼命杀出一条血路的刚毅性格。"谋事在人，成事在天"。我喜欢这句话，赞同这种观点。

　　在我担任由三十几艘渔船组成的船队的队长时，曾有过捕不上鱼的时候。那时，我彻底地陷入了沉思，甚至把海图上标记水深的数字都看成了鱼群。我觉得很奇怪，因为去年这个时候水温相同，捕上了不少鱼，现在却根本碰不到鱼群。我查看了前年的捕鱼情况，逐一核对了历史资料以及派出的侦察船搜集回来的情报。由于太过专注了，海图上的数字在我眼前突然间变成了鱼群。

　　于是，我下定决心明天就去那片渔场，即便结果可能会让我失望，我也不后悔。虽然也有过三四天捕捞不上鱼的情况，但是，如果我不能为此想尽万全之策的话，就更不可能有捕到鱼的机会。当然，也会有侥幸的时候，但多数情况下，只要你想不到，就不会成功。

　　只有想不到的事，没有做不到的事，这条法则适用于任何工作。当我们排除一个又一个可能性，最终制定出计划后，人自然会振奋起来，干劲儿也会更足。反之，工作起来漫不经心，必然会导致缺乏激情和干劲儿。形式上的气势如虹，不过是一种"悲鸣"而已。充分发挥出人的聪明才智，经历过反反复复的努力，最终达到了预想的目标，这种气势最难得可贵，更是不可替代的。我年轻时，在大海上从手工操作的渔船上体验的那种严酷的工作环境中，我学到了一切。

（选自 1986 年 1 月 10 日访谈录）

参考资料

日本大洋渔业公司成立于 1943 年 3 月，1993 年改名为日本玛鲁哈公司。主要经营渔业、水产品加工业、食品加工制造业等，原为日本六大水产企业之一。2007 年 10 月，为了适应日本国内外渔业形势的变化，玛鲁哈公司和日鲁水产公司（1906 年成立，日本六大水产企业之一）正式合并，取名为玛鲁哈日鲁公司，成为日本最大的海产品公司之一。

061　底线面前决不妥协

河本春男

日本尤海姆公司董事长

战争结束后，我成了走街串巷的小商贩，这是我迈出经营者人生的第一步。在此之前，我在岐阜县厅做过负责体育工作的主管。为什么我要转行从事完全不同领域的工作呢？这是因为我认为，如果我不彻底与前半生诀别，重开后半生的话，我的人生从此就完蛋了。

就这样，我步入了小商小贩的人生路。从做官改行到经商，我迟疑彷徨过，也经历过千辛万苦。但是，至今我还清楚地记得，终于我等到了不再靠供给，仅靠自己的努力就能让孩子们吃上白米饭的那一天，没有比看到孩子们开心地说"好吃"的笑脸更让我高兴的事情了。那种感觉真奇妙，应该就是人活在世上的最大幸福吧。它成为我人生中最大的乐趣，成了支撑我十三年小商贩生活的精神支柱。

在此期间，我经销过各式各样的商品。不知不觉中，我经手的黄油生意多了起来。一次意外让我接手了原客户经营的烘焙德式糕点的尤海姆公司的重建工作。可以说，这真是一种不可思议的缘分。其实，对我来说，最大的幸运是有机会接受了1971 年去世的尤海姆公司前总经理艾莉丝·尤海姆女士的熏陶。

有一次，我问艾莉丝女士，生意兴隆的秘诀是什么？她回答说："正直和诚信。"我虽然点头表示赞同，但并没有真正理解它的含义。当时，食品业弥漫着一种使用防腐剂与合成甜味剂等添加剂合乎常理的风气。但我却认为，不使用这种合成添加剂，才符合艾莉丝女士倡导的"正直和诚信"的经营秘诀。

我向员工们讲述了自己的看法，大家嘴上表示赞成，都说："是的，您说得对！"但现实情况是，不使用添加剂会直接危害公司的利益。因为不使用防腐剂，西式软糕点放上一天就会坏掉。而且，人造黄油相对比较便宜，也不需要特殊的制造技术。因此，要想迅速提升公司业绩，大量使用防腐剂是最佳途径。当然，我明白大家心中不满情绪的由来，我不断地督促和提醒员工们注意这个问题。就这样，我反反复复地对员工念了四年的"紧箍咒"。

最终，百货商场等许多老客户也都表示赞同这种纯正食品，员工们也终于明白了"没有它不行"的道理。所以，即便是你认定的正确事情，在具体落实过程中，也很难与社会风潮抗衡。总之，我们做任何事情，重要的是让顾客满意和高兴，这才是做生意的秘诀。在这方面，艾莉丝女士是一个做事非常严谨的人。

在触及底线时，哪怕做出一点妥协，也会产生多米诺骨牌效应，会接二连三地倒塌下去，导致无法收拾的残局。这个道理不仅适用于经营，也适用于人生。今天，当我回顾以往的人生时，越发感觉到这个观点正确无比。

(选自 1987 年 4 月 13 日访谈录)

参考资料

日本尤海姆糕点店于 1909 年成立于中国的青岛市。1921年，尤海姆夫妇在日本横滨开设了新店。该店开创的横跨两次世界大战的年轮蛋糕如今已成为日本最受欢迎的点心之一。

062　走背运时更不要悲观失望

大社义规

日本火腿公司总经理

任何人都有走好运和走背运的时候，但你要坚信自己终究会走好运的。遇事不顺时，你就要想自己运气好，只要努力坚持不气馁，就一定会时来运转。实际上，我一直都认为任何困难都难不倒我。可以说，我这一辈子从没有让自己身陷逆境。

我出生在大地主家庭，不过初中时"家族大厦"就轰然倒塌，为此，不得不放弃理想中的高中和大学。虽然一度进入了高等商业学校学习，但是由于不能续交学费，我不得不中途退学。但是母亲经常劝导我说："虽然我们的家庭变成了现在的样子，但我们这个大家族从来没有给外人添过麻烦，也没有欺负过小门小户人家。虽说现在家道中落了，但积善之家必有余庆，将来我们一定会好起来的。"

我的经历平淡无奇，因为去了叔叔开办的养猪合作社工作，以此为契机，开始了火腿制造业直至今日。我现在从事的工作与我的志向和选择毫无关联，完全是一种机遇和巧合。但是时至今日再回首时，我只能把它归结于运气好。

众所周知，以前只有少部分人吃火腿，但随着饮食生活的西方化，现在火腿已大为普及了。我能够从事这种有发展前途的产业，只能说是运气好吧。俗话说祸福相生，人这一辈子不可能总是祸事连连，总有一天会祸绝福连的。

关键是在运气下降时，你不能悲观，要保持乐观的情绪。每个人一生中都会遇到不顺的时候，面对这种困境，该怎么办，采取哪种应对措施会对今后的发展产生巨大影响。运气不好的时候，脑袋里装的都是"我运气太差"的想法，这样不仅于事无补，而且会越陷越深，最后真的就变得不行了。因此，在时运不佳时，只要能意志坚定地扛过去，运气就会不可思议地好转。

我的体会是，筹备一项新工作时，一定要交给运气好的人筹办，交到在你眼里看上去一定能顺利完成的那些人的手中。在棒球界，据说三原脩在担任教练员期间，每次比赛中在准备派出代打选手时，都会环顾四周，点名运气好的选手出场。但是，不走运的人也并非一无是处。你可以让那些暂时运气差的员工先干其他工作，慢慢地等着他们时来运转。我经常对员工说："我这人运气好，只要随我一起工作，你们的运气也一定会好起来。"

从公司的整体运营上考虑，谁都会有因经营环境恶劣而业绩不佳的时候，我把这种时刻视为新工作播撒种子的最佳时机。此时此刻，需要的是缜密思考，制定计划，等待时机，然后果断出手。现在，我常在公司里说的一句话就是"要胆大心细"。今天，我们正处在一个未来变幻莫测的激烈变革时代，此时此刻，如果我们还不敢放开手脚大胆去干的话，必将错失良机。当然，我相信好运一定在等待着我们！

（选自 1987 年 6 月 15 日访谈录）

参考资料

日本火腿公司始建于 1949 年，是一家集生猪、活牛等畜禽饲养、肉制品加工、物流配送、销售、国际贸易于一体的大型肉类加工企业，也是著名的北海道日本火腿斗士棒球队的母公司。

063 "想赚钱" 不见得就能赚到

冢本幸一

日本华歌尔公司董事长

　　有生意做吗？有钱赚吗？靠投机取巧做生意不会成功，世上没人愿意吃亏。虽然每个人都想赚钱，但现实中赚不到钱的人大有人在。一般来说，自己算盘打得再精，很多情况下往往事与愿违。

　　我本人曾三次在这上面栽过跟头。三次都与公司业务无关，纯属个人私事。主要是因为我在考虑问题上私心杂念太重，个人私欲泛滥造成了严重后果。具体来说，就是妄图用不正当手段增加个人资产，因此三次均以失败告终。

　　一次是做理财，我把一大笔钱交给了证券公司，委托他们帮我打理，结果是暴跌，一周之内就损失了 3000 万日元。还有一次是上当受骗，有一个做生意的朋友说可以把他在京都地区的业务交给我做，先让我成立一家公司让儿子当总经理，由儿子掌握公司股份，将来不仅公司股份增值能赚钱，还可以少交遗产税，会留下许多家财。我被他说动了，在他递过来的支票背面盖上了印章，结果我上当受骗，朋友破产了，一亿几千万日元打了水漂。

相同遭遇还有过一次。于是，我明白了一个道理：钱不是攒出来的，也不是靠占便宜赚来的；而赚来的钱和攒下的家财，只要不折腾也不会从手中轻易溜掉。你不妨细想一下，其实一个人一生的收入就是他一生实际开销的总和。就算挣下万贯家财，死后剩下的财产与他本人也再无任何瓜葛，所以说不应该算是他的真正收入吧。这么一想，钱赚得再多也没有什么值得炫耀的。

人很渺小。我经常说，人小得就像一根汗毛，每天长出几根，又脱掉几根。我们可以同比成生活在地球上的人类，一个又一个慢慢离开了这个星球。

我也曾经历过战争。一直都觉得自己是从战争中存活下来的幸运儿，剩余的人生是白赚的。在复员回国的船中我沉思了许久，我想："为什么老天会让我存活下来呢？"猛然间我醒悟了，一个崭新的日本需要我们日本人自己来重塑，从今天起被赋予了这种使命的人必须为日本而努力工作，我就是其中一员，这才有幸活到今天。我接受了上天赋予自己的使命，浑身充满了能量。

所以，我从未有过战败带来的颓废感，从回国的第一天起就开始了重建日本的行动。在和平年代里，我以世界为舞台开展工作，才造就了今天的华歌尔公司。看上去我干成了一件惊天动地的大事，但我心底里一直都相信这一切都是上天赐予自己的机遇。那些认为靠自己一个人就能存活的人，只能局限在自己的知识和智慧的范围内思考问题。这样的人只会把自己变得更加渺小，绝无可能在世界的大舞台上展翅翱翔。

（选自 1988 年 1 月 14 日访谈录）

参考资料

日本华歌尔公司成立于 1949 年。华歌尔是世界著名的内衣品牌，发展至今已成为生产内衣服饰的翘楚。公司创始人是冢本幸一。

064　请结交直言不讳的朋友

饭田庸太郎

日本三菱重工工业公司董事长

　　我不知道这么说自己是不是有点过了，总之，我觉得我是个幸运的人，每到关键时刻都会时来运转。但是，这并不能说明我的一切靠的全是运气。其实，我在公司里外都有许多好朋友，这才是一直让我走好运的最大根源。

　　结交公司外部的朋友最重要。总的来说，在公司内部对你阿谀奉承的人比较多，他们担心实话实说，常务会有意见，老总也会不高兴。所以，他们往往不敢说实话。公司外部的人由于与你不存在直接的利害关系，所以可以坦诚地说出一切。他们会坦率地告诉你，"你的想法不对"。

　　人不能缺少可以对自己提出忠告或直言不讳的前辈和朋友。即便你是出类拔萃的优秀企业家，仍然需要结交许多朋友，需要从他们那里获得真正有价值的情报，而不是那种无聊的八卦新闻。从那些年纪轻轻就名噪一时的富二代身上无法获取有价值的信息，因为他们相互之间都很客气，彼此不会讲真话。

我之所以结识了许多朋友，是在学生时代做过胃部手术，比常人毕业晚了一年的缘故。看似我吃亏了，但由于同班同学比常人多出了一倍，可以参加两个班级的同学会，所以人脉关系自然比常人多了一些，这也算是好运吧。不背叛人，全力帮人，不求回报，这是我与人交往的三原则。

从昭和二十年代后期到三十年代前期（1945—1955年），我一共在美国工作了近五年时间。那时，对从日本来美国找我的人，我都会全力以赴地照顾他们，诸如开车当向导，帮忙购物等，在陪同他们逛商场给夫人买内衣内裤时，也发生过因为不了解美国尺码而不知所措的情况。在美国扩大的交友关系，极大地丰富了我后来的朋友圈。当科长的时候，连上司这种难得一见的人，只要我去肯定能见到。甚至有人不怀好意地抱怨说："凭什么只有你能见到呢！"

抱着赚钱和推销自己的目的与人交往的话，你会变得利令智昏。能帮人的事，自己都应该积极去帮助。而且，应该做到别无用心，不求回报，长此以往，绝对不会吃亏。当然，你也要为此做好充分的心理准备。

无论是亚洲人，还是欧美人，我对结交的人，从来不求任何回报。假如他们需要三菱的技术，我就会对他说，你们需要多少我们就提供多少。三菱公司虽然有着120年的企业历史，但在120年前我们什么技术都没有，我们派出了年轻技师去英国，是英国人从头教会了我们，可以说几乎是免费传授的。所以，今天轮到我们回报世界了。

最近，日本海部总理提出要把日本打造成为世界做贡献的日本，但接下来就没有下文了。应该拿出具体的贡献方案，光靠大把撒钱是不行的。我认为，日本对世界的贡献就应该来自新的科学技术。

（选自 1990 年 9 月 17 日访谈录）

参考资料

日本三菱重工工业公司是三菱集团的核心企业之一。早在中日恢复邦交之前就开展了对华经济交流，现已在中国设立 18 家企业。目前，三菱重工业务涵盖机械、船舶、航空航天、原子能、电力、交通等领域。该公司还是日本最大的军工生产企业。

065　时运不济时更应该拿得起、放得下、看得开

日比野哲三

日本棉花公司（现双日公司）董事长

　　我在日本棉花公司一直从事木材生意。木材价格是随着市场行情起伏而变动的，能否读懂行情波动，结果会大相径庭，有可能大赚，也有可能赔个底朝天。在木材生意上亏损的公司很多，但幸运的是我们公司一直都有钱可赚。

　　我曾经被问是怎样推测市场行情变化的，为什么在木材交易行情上总是拿捏得那么准。我根本没有什么成形的理论，其实，就是因为我胆子小，行情涨到一定程度后就吓得心惊肉跳想收手，结果每次都碰巧行情涨到了顶点。当然，事后被问起时我会添油加醋吹嘘一番自己的"丰功伟绩"。

　　其实，凡事都有好的时候或不好的时候，遇到不好的时候就应该拿得起、放得下、看得开。好事也不会永无止境地持续下去，股票和土地的经济泡沫破裂就是眼前的最好例子。反之，糟糕的状况也不会永远持续下去，有些人刚刚开始搞新事业，稍有不顺就说要放弃。当然，我不赞成纠缠于那些前景不

佳的面子工程不放手，但也不赞同仅凭眼前得失就做出放弃的决断，我认为这种行事方式危害极大。

人生也同样有起有伏。其实，我自己因肺结核病休过两次。

第一次是入职后的第三年和第四年，住院后虽然痊愈了，但在35岁时，从驻菲律宾返回国内不久又复发了，我再次在医院住了一年时间，并接受了手术。为此，我为自己会被耽搁升职而焦虑和苦恼过，但再怎么苦恼也无法让自己早日出院，没办法只好彻底看开了。

因为生病，科长的晋升路确实被耽搁了，与同期入职的同事相比已经晚了一些。为此，我决定不再想升职的事，决心全力以赴干好自己的本职工作。并且，我也真的看开了，心里想："我的身体这么弱，必须先好好照顾自己的身体。"也许是因为有这些不利因素存在，所以我额外受到了同情，公司主动让我承接了一些重要工作。虽然生病是不幸的，但好运还是光顾了我，也成就了今天的我。

有了这些经历后，我更觉得人的运气很重要。无论什么样的人都有可能时来运转，重要的是，等到这波运气来到时，一定要想方设法抓住它。这就像打麻将一样，给你机会抓不住就会输得一塌糊涂。人生中常有这种情况发生，有时候无论你如何努力都无济于事。遇到这种情况时，一定要拿得起放得下，努力把手头的事做好，耐心等待下一次机遇的到来。一旦时机成熟，就要牢牢把握住，绝不能让它从手中溜走。这一点至关重要。

当转到领导岗位后，就要学会观察下属的时运。有些人就是把握不住机运或者本身时运不济。在木材的生意场上，也有一些人工作十分努力，但就是因为看不准行情而业绩始终上不去。虽然这些人本质不坏，但如果让他们走上领导岗位的话，就会造成下属的不安。遇到这种情况时，如果不把这种人从管理岗位调换到其他岗位，不仅对其本人，对那些受其领导的下属也没有好处，双方工作起来都不会开心。

（选自 1991 年 10 月 14 日访谈录）

参考资料

日本棉花公司创建于 1892 年。2004 年 4 月 1 日，日棉公司与日商岩井公司这两家具有百年以上历史，且在世界 500 强中均名列前茅的公司正式合并成双日公司。

066　企业家偶尔也要学做谋略家

古泉荣治

日本龟田制果公司董事长

　　企业本就应该堂堂正正地搞经营。正经事不做，专门搞一些阴谋诡计，会导致人心涣散。但是，当我们面对某种不讲理的生意方式，在采取正常手段无法解决问题时，偶尔也要针锋相对地拿出一些谋略予以应对。接下来，我介绍一下自己的亲身经历。

　　这件事发生在 1950 年。那时，本公司尚未完善美式糕点的量产技术，还只能生产圆松饼等日式烤制糕点。当时，新潟县本地大约有 30 家糕点生产厂商，它们完全听命于批发商，地位之低就如同批发商手下的承包企业一般。也就是说，我们从批发商那里买原材料，然后把生产的产品卖给批发商。批发商替我们计算人工费和折旧费后，定下产品的成本价。这样做的结果是，我们在扣除发给员工的工资后，利润所剩无几，不要说缺少科研经费，甚至连设备更新的费用也无从谈起。产品全部由批发商收购，销路也被牢牢控制住，对我们来说，企业发展根本无望。

我暗暗下决心改变这种不合理的状况。正面抗衡批发商困难重重，于是我心生一计，决定召集同行企业开会，建议共同向批发商提交请愿书，请愿书中的内容是我们自行计算成本，以自担风险方式生产出产品，再按照合理的价格批发给批发商。为此，我做好了此话传到批发商耳朵里后双方发生激烈冲突的心理准备。

果不其然，会议一结束，就有公司向批发商打小报告，说这都是龟田那家伙出的馊主意。当然，批发商听闻后大发雷霆，他们把我叫了过去，当场宣布与我公司断绝一切往来。其实这才是我最希望达到的真实目的。

因为即使我有意去拓展销路，但单方面甩开批发商直接去搞推销，一定会引起巨大纠纷，按当时的力量抗衡，肯定会对我方不利。然而，如果是对方说出不想卖我方的产品，我们自己去找销路，这样就变得名正言顺了。除此之外，我与批发商之间的矛盾出在"自愿承担风险生产产品"这一最低限度的要求上，所以，我认为我方占理。

于是，我开始辗转于秋田县和山形县之间，四处寻找销路。回到新潟县后，这件事当然传到那家批发商的耳朵里，他大骂我搅乱了卖方市场。尽管我没去过那家批发商出货的商家推销，但他还是强词夺理地说："去同一个城市，结果就是一样的。"对我来说，这可是生死攸关的大事，我也毫不客气地说："我也要活下去呀！"放下话后，我转身就走。结果，我从此夺回了经营自主权，不仅自己扩大了销售渠道，也为其他厂商树立了榜样。

即使我不动心眼，不讲谋略，结果早晚会一样。尽管会冒些风险，但先行必有先行的好处。在我决定建立面向超市的配送网络时，周围的人也曾劝我说："你把全部精力都放在利润率只有两成的超市上，而不顾利润率有八成的零售店，这样做值得吗？"正是我那时做出的果断决定，才使得我公司有机会与上升期的超市建立和巩固了合作关系，才有了今天烤米粉点心市场占有率第一的机会。

我认为，企业家在洞察先机的基础上，偶尔也要学做谋略家，动脑筋想办法，力争改善自己的营销方式。这一点也十分必要。

（选自 1991 年 1 月 25 日访谈录）

参考资料

日本龟田制果公司成立于 1957 年 8 月，是日本最大的米果制造企业。主要经营日式米果糕点的生产和销售。该公司每个月都推出一些新的零食并不断更新。其生产的零食的特点是营养丰富，包含了菠菜、西红柿、南瓜和胡萝卜等 4 种果蔬营养。每款包装设计以一个卡通人物为形象，代表了零食企业的活力与富有趣味的产品口感。

067 "为顾客着想"就等同于为公司谋利益

本山英世

日本麒麟麦酒酿造公司董事长

与其他人相比，我最大的不同就在于"患病"上。从1950年入职麒麟啤酒公司到目前为止，我总共做过四次全身麻醉的大手术，住院时间总计超过两年。我仿佛就像是在生病之余工作的那种感觉。

特别是在32岁到33岁期间，我患上了腰椎骨疡，饱尝了疼痛之苦。为此，我在大阪大学附属医院住过两次院，其间又患上了肾结石和血清性肝炎。血清性肝炎患者不能摄取营养，但骨疡患者必须摄取营养。我用吗啡抑制结石的疼痛，先治愈了肝炎，但骨疡一点也没有好转，并被告知可能会终生半身不遂。

有了孩子，家庭负担重了，随着公司停薪留职期限的临近，我心中焦虑万分。所有能做的治疗都做了，但就是不见效，所以我断了重返麒麟啤酒公司工作的念头，甚至妻子也开始在我耳边安慰我说："如果你半身不遂了，我会养你一辈子。"可是，不可思议的是在我已经准备全部放弃的时候，眼看着病情一天一天开始好转，在公司解雇期限即将到来的三个月前，我竟然出院了。

在家里练习了一段时间的走步后，我回公司复职了。刚开始时，我被安排在容器科做内勤工作，半年之后终于返回了原来的工作岗位，重新开始了营销工作。在此期间，不仅是同期入职的同事，甚至比我晚一些入职的后辈也在晋升路上超越了我。所以从那时起，我就放弃了晋升的念头。

回到销售工作后，我偏向站在批发商和酒类专卖店的立场上考虑问题。首先关注的不是自己或本公司的利益，而是考虑对方的利益。我认为如果优先考虑本公司利益，短期内会产生利润，但长远来看，只有让对方赚到钱，他们才能更多地购买麒麟啤酒。

举个例子。上司指示我们要尽快从批发商和酒类专卖店回收资金，同事中就有人逼迫客户赶紧拿出支票，意图赚取工作成绩上的积分，但我却反其道而行之。我与上司多次交涉，尽可能最大限度地让客户晚交支票。因为在晋升问题上，与其他同事相比，我可以不再顾忌上司的看法了，完全可以坚持己见，采取与公司方针"背道而驰"的行动。

其结果是我博得了批发商和酒类专卖店的好评，与他们建立了比亲戚还可靠的关系。他们拼命地替我销售麒麟啤酒，我的业绩也就水涨船高。为此，我在同期入职的同事中，反而是第一个升任了科长，一举挽回了晋升路上的落后局面。

我认为，自己之所以能为对方深深着想，与我一度放弃晋升不无关系。假设晋升的欲望太过强烈，就会养成对上司阿谀奉承的毛病，更容易过多地考虑自身或本公司的利益。当然，违背公司方针政策的事我不会去做。但是，如果不考虑对方的具体情况，只是机械地执行公司指令，盲目地快速回收资金的话，结果很可能是遭到对方唾弃。为顾客无私奉献的结果，才成就了我的今天。

（选自 1993 年 4 月 12 日访谈录）

参考资料

日本麒麟麦酒酿造公司成立于 1907 年，麒麟啤酒是日本三大啤酒公司之一，也是世界前十大啤酒生产企业之一。麒麟系列包括一番榨、Lager、Light 等。

068 在发泄不满前先结交知心朋友

森冈茂夫

日本山之内制药公司董事长

在经营上我被称为国际派。在担任总经理期间，我多次利用 LBO（以被收购资产作担保借债的收购业务）收购了美国的健康食品企业夏格利（Shakler）公司以及世界著名的面包发酵菌生产企业荷兰的布洛卡德斯公司所属的医疗药品部门，并且在爱尔兰建立了工厂，在英国建立了研究所。

其实，我并不喜欢 M&A（兼并或收购企业），也没想过主动吹响向国际化进军的号角，所有这一切靠的是机缘和运气。比如，收购布洛卡德斯公司医疗药品部门的业务是对方主动提出来的。该企业食品部门的董事劳顿先生曾担任过日本三得制药公司的总经理，与我私交很深。在此机缘下，他最先把布洛卡德斯公司打算把业务全部集中到食品部门而准备出售医疗药品部门的消息透露给了我。

现在回想起来，我深深感到，不仅是在总经理任期内，甚至可以说我的整个人生都是靠"机缘"度过的。在旧制高中时代，我热衷于划艇运动，因此，与普通毕业生相比，我毕业晚了一点。在赛艇俱乐部前辈的劝诱下，我决定报考东大，但当时只能选择参加林学系或农学系的入学考试。因为目的是参加赛艇俱乐部，我别无选择，只能报考林学系了。

可是，到了大学毕业的时候，我却找不到工作。正当我感到困惑的时候，曾经是赛艇俱乐部部长的住木谕介副教授察觉到我的难处，就问我："愿不愿意协助我做盘尼西林的研究工作？"他主动邀请我加入他领导的研究室。在开展了一年半左右的盘尼西林培养研究后，当时对盘尼西林商业化感兴趣的山之内制药公司向住木先生提出了要聘请研究人员的想法。于是住木先生就说"你去吧"，我便去了山之内制药公司。

但是，进入公司一年后，由于盘尼西林的竞争异常激烈，继续这个项目亏本会很严重，公司就停止了该项目的研究开发。从此，我就在公司的各部门之间转来转去，去过工厂工作，也被分配到预算部门工作过一段时间，然后去了财务部门，在销售部门工作的时间最长，最后又被调回开发部搞科研。

对公司、对工作，我都没有选择权，只能在命运的波涛中随波逐流。但从结果上看，这反倒成了好事，让我有机会熟悉了公司的各项业务，在不同领域里结交了许多知心朋友。

当然，我也并不是随风摇摆的柳枝。在大学时代几乎不怎么学习的我，参加工作后开始拼命学习了。在预算部门工作期间，我全靠自学掌握了簿记。在财务部门工作期间，我学会了资产负债表、损益表的制作方法等。现在，在经营会议上，即使不听财会负责人的说明，我也完全能看懂财务报表中的内容。

经常有人对自己的人事安排表示不满，但我想奉劝这种人，在你喝得烂醉如泥，对酒当歌发泄满腹牢骚之前，你更应该先用知识把自己的头脑武装起来。新的工作是机遇，抓得住或抓不住都取决于你本人。建立人脉关系尤为重要，努力提升人品更应该抓紧。不要当谋略家，没有人喜欢搞阴谋诡计的人，人们对你的评价，无论你走到哪里都无法抹去。上述情况不仅适用于日本国内，也完全适用于国外。我相信，国外分公司经营业绩的好坏，关键也要看高层领导的人品。

（选自 1994 年 12 月 19 日和 26 日访谈录）

参考资料

日本安斯泰来制药集团公司是 2005 年 4 月由原日本山之内制药公司与日本藤泽制药公司合并而成，是研发型制药企业，在全球范围内研发、生产、销售创新型医药产品。在器官移植领域和泌尿领域成为全球专业治疗的领头羊。

069 真正的决战从筋疲力尽时开始

诸桥晋六

日本三菱商事公司董事长

我一生中，从事买卖船舶的工作时间最长，我觉得这份工作非常有意义。战后不久的日本，能向国外出口的商品也只剩下船舶了。虽然日本被烧得满目疮痍，但建造战舰大和号的技术却被保留了下来。

一宗船舶生意的订单总价就高达 30 亿日元，有时甚至可以达到 500 亿—600 亿日元。遗憾的是，最终只能有一家公司承接订单。因此，商业谈判的结果只能是全部拿下订单或是一个订单拿不到，对我们来说，就是"全部或全不"的生意。所以，越是到了最后时刻，竞争就越激烈。

从开始谈判到最终出结果，需要打一场持久战。等到中标范围缩小到只剩几家公司的最后冲刺阶段，所有的人都已经累得筋疲力尽了。尽管如此，此时此刻船主提出的要求会更加苛刻和冷酷无情。诸如，要么提前交货，要么再降价等。

此时，"筋疲力尽的不仅是我，竞争对手也同样疲惫不堪。

真正的决战从这一刻才正式开始。"此时此刻，我们更需要集中精力，做好最后一搏的准备。为了能满足海外船主的苛刻要求，只要他们提出来，我们就立即把国际电话打到日本国内负责造船的部长家里，努力说服他。"只要能再降一点儿成本，我们就能拿下订单。"类似的电话我们需要来来回回打上很多次，才能最终结束这场马拉松式的谈判。失败时那种沮丧心情难以言喻。

下面这件事发生在与奥纳西斯所代表的希腊船主的商务谈判上。提供贷款的日本进出口银行对我们说："如果需要延期付款，就必须向船主索要个人担保书。"于是，我就去找船主，向他说了这件事。但船主却说："我不可能提供个人担保。如果来讨债，我就转移走个人财产。"他根本不理睬我的要求。从这时起，真正的决战就开始了。晚上，我去他家拜访，极力劝说他。我死皮赖脸地贴上他，反复地发起攻击，最终说服他接受了我的意见。

另外，我曾驻过菲律宾，担任马尼拉的分店店长。那时，我想与菲律宾的财阀阿亚拉（Ayala）建立经贸关系。阿亚拉是一家大财团，之前从未考虑过与其他企业建立合作关系。

现在这种情况很少见了，以前，长期在日本地方工作的分店店长中，竟有人没见过当地县政府的首脑。在国外，想与当地财阀的最高领导人见上一面也同样不易。很多时候，因为见不到高层领导，也只能与下面的人进行接触和沟通。

阿亚拉财团当时既经营金融业（包括保险业），还经营类似三菱地产公司的那种房地产生意，但美中不足的就是缺少制造业。也许他们也觉得我们符合条件，所以就见了我。经过努力，我们之间建立了合作关系，同时我们还拥有了阿亚拉财团20%的股份。之后，我们共同在马尼拉市区南部建设了两个工业园区，产品一上市就销售一空。另外，我们还与日本本田公司共同组建了生产四轮车的合资工厂，双方的商业合作不断拓展。如今，我们当时在阿亚拉财团的股份升值了很多。

无论什么对手，都要主动去敲门，遇到任何困难都不能退缩。即便是你所谈的生意被竞争对手抢了过去，也应该前去问问为什么。缺乏这种锲而不舍的精神，就无法在生意场上拿下大订单。

（选自 1995 年 1 月 16 日访谈录）

参考资料

日本三菱商事公司成立于 1950 年，是三菱集团旗下最主要的企业之一，日本最大的综合性贸易公司。经营范围包括能源、金属、机械、化学品、食品等。

070　论语与科技

后藤康男

日本安田火灾海上保险公司董事长

大约 30 年前，我在公司设在东京日本桥的分店工作，与我们签订保险合同的某印刷厂在火灾中被烧毁了。尽管他们支付保险费的手续比正常晚办了一点时间，不过我们判断他们有支付保险金的意愿，灾后就赔给他们保险金了。

过后，为了应付日本大藏省的检查，我们在保险存单上做了点手脚，把保险费入账时间做到了火灾前一周的周六。虽然合同条款中有对保险费没有缴纳情况制定的免责条款，但我觉得不应该做规则的奴隶，应该优先考虑客户的实际情况，所以就支付了保险赔偿金。

但是，大藏省的官员很优秀，他们很快就发现了账本上的造假情况，公司被告知，"此事性质恶劣，负责人必须被调离"。结果，我被调到广岛县吴市的营业所担任所长。

该营业所只有两名男职工，其中一人根本不干活儿，还叫嚣说："你在东京的那一套在这里行不通。"我对自己的业务能力很自信，跃跃欲试地想在短期内做出点成绩，希望能迅速扭转该营业所两年零增收的亏损状况。现在回想起来，那时我是想靠说教方式打动他们，唤起他们的工作积极性，但我说破了嘴皮子也没有用，营销业绩不佳状态一直未能得到实质性的改观。

那时候，有一位七旬老人每天都来营业所。他原本当过一家银行的分店店长，现在经营一家保险代理店。有一天，他为我签下来一份大合同，理由是"因为你对我好"。从那时起，我们营业所的业绩就开始节节攀升了。在农村地区，没人脉关系就签不到合同，但我以前一直不了解这方面的情况。在吴市工作的经历为我提供了新的契机，我深深地体会到，比起讲道理和拼知识，人情更能打动人心。

营销上有明文的规章制度，但最难的是如何处理那些隐藏在没有明文规定的灰色地带上的问题。如果没有明文规定"不可做"的话，只要有利于顾客就应该去做，做与不做结果相差180度。我本人在这方面的态度十分明确，我完全是站在客户的立场上考虑问题的。

因此，在分店时我经常与总部对立。因为我一直秉承绝不能沦为规章制度的奴隶的信念，即便与总公司发生冲突我也在所不惜。在担任店长期间，我经常打开办公室的门窗，故意让店内所有人都能听到我与总公司之间的争吵声。这才是促使我的业绩扶摇直上的原因之一。

力量与品德兼备，才是理想中的企业。涩泽荣一（被誉为"日本企业之父"——译者注）曾说过，企业应该"论语与珠算"兼得，如今把它换成"论语与科技"兼得的说法应该更贴切。今天，我们应该追求的是以重视育人为宗旨的论语以及以办公自动化为主的科技之间的并存。为了育人，我创立了"未来塾"这种培养人才的研修中心。三年前，我给搞营销的 2000 名员工配齐了电脑，不再允许手写文件的存在。现在，公司董事们也都用上了电脑。

本公司位居行业第二，如果不提出新的挑战目标，将永远无法攀升至本行业排头兵的位子。"论语与科技"就是我们提出的新的挑战目标。

（选自 1994 年 8 月 22 日访谈录）

参考资料

日本安田火灾海上保险公司成立于 1944 年 2 月，由多家保险公司合并而成。

071 请讲"有尊严的牢骚话"

椎名武雄

日本 IBM 公司董事长

这是很久以前发生的一件事。那时我刚进入日本 IBM 公司工作不久,美国人同事口中的这句请讲出"有尊严的牢骚话"深深烙印在我的心中。它的意思是,牢骚话哪里都会有,但同样是发牢骚,就应该发出"换作我的话,我会这样做"这种积极和有建设性的抱怨声音。

其实,我刚进公司时,原本打算做办公室的文秘工作。从庆应大学毕业后,我去了美国的大学留学,回国后进入父亲在岐阜县经营的一家规模不大的金属西餐具制造厂,但我对此一点儿兴趣都没有。虽然我想留在美国工作,但工作签证办不下来,我无法留在美国。

正当我一筹莫展时,经熟人介绍,我参加了总部设在纽约的美国 IBM 总公司的面试。面试官告诉我:"如果愿意进入日本 IBM 公司工作,可以留你在美国研修几个月。"幸运的是,我很快就收到了日本 IBM 公司的录取书。其实,我入职的动机并不纯正。

美国研修结束回到日本 IBM，我看到的是在东京市大田区在建中的生产计算机前端穿孔卡片系统的工厂，占地面积400—500 坪（1 坪约等于 3.3 平方米），规模与日本的街道工厂差不多。公司也只有 200 多名员工，规模还比不上我父亲经营的企业。毕竟是美国 IBM 公司在日本开建的第一家工厂，工资体系和工厂的管理方式等还没有成形，一切都要从零开始。对于当时心高气傲的我来说，这简直就是一家破绽百出的企业，我忍无可忍，就去了当时位于东京市麹町的公司总部，向水品浩总经理发泄了心中的不满。

当时，恰好美国 IBM 公司派来协助工厂建设的专家阿姆斯特朗在场，他对我说："同样是发泄不满，请讲有尊严的牢骚话。"

这句话忽然让我瞬间有了新感悟。任何人都会讲牢骚话，但如果在这些牢骚话前加上"有尊严的"这类形容词的话，意义就大不相同了。"请讲有尊严的牢骚话"，它要求抱怨者不仅可以表达自己心中的不满，同时必须亲自去解决这种不满的情况。如果发泄人能把解决问题的重任留在自己的身上，那么就没有必要再向上级发牢骚了，遇到问题时自己主动去解决不就行了嘛。渐渐地我的思想意识发生了变化。

在对上级表达不满之际，同时我试着当面提出"如果是我的话，我想这样做"的解决对策。于是，上级对我的看法也发生了改变。因为是年轻人嘴里提出的建议，当然上级不会百分之百予以采纳，不过每次都有百分之二三十通过的机会。以此为契机，我对日本 IBM 的工作越来越感兴趣了。

"牢骚可以发，但不能止于发牢骚。"这种风气原本就存在于 IBM 公司，我在实践中亲身体验了它的存在感。实际上，经常有别的公司的人对我说："你们公司太有意思了！"当问及原委时，他们说："因为昨天刚进公司的新员工今天就可以坐下来与老板心平气和地交谈了。"在不知不觉中，"讲有尊严的牢骚话"的风气渗透到公司的每一个角落。

你可以发牢骚，但请同时提出自己的对策。养成这种良好企业风气的前提条件是，每个人必须养成自己的问题自己思考，自己也要负责任的态度。

（选自 1995 年 8 月 2 日访谈录）

参考资料

日本 IBM 公司成立于 1937 年 6 月，美国 IBM 公司出资的外资公司。经营范围：提供与信息系统相关的商品及服务。

椎名武雄生于 1929 年 5 月，曾任日本 IBM 公司董事长、日本经济同友会终生干事、社会经济生产性本部副会长、日本企业研究会会长、庆应大学工学会理事长等职务。

072　具有超越派系的境界才敢于直言不讳提意见

贺来龙三郎

日本佳能公司名誉董事长

我是个直性子的人，对上级讲话也直来直去，所以，我的职业生涯是在相对危险中度过的。毕竟，我在入职佳能公司之前，就已经惹怒了当时的御手洗毅总经理。

这件事发生在 1954 年我入职公司前。面试时，被问到兴趣与爱好，我顺口答道："喜欢打麻将。"这句话惹怒了御手洗总经理，他说："通宵赌博太荒唐，不思进取的家伙！"熟悉并喜欢打家庭麻将的我不由得反驳说："打麻将哪里不好？我既不下赌，也不熬夜。我觉得下围棋才不好呢，俗话说死不瞑目，根本赶不上看父母最后一眼哪……"（一句俏皮话，围棋术语中没"眼"就是死棋——译者注）听了这话，御手洗总经理顿时暴跳如雷。

后来我才知道，御手洗总经理是一个彻头彻尾讨厌打麻将的人。据说，在前几年组织的员工集体旅行中，他发现公司某些大领导偷偷打麻将，就放下狠话说："谁再打麻将，我就与他势不两立。"

相反，他却十分喜欢下围棋。

没办法，我决定放弃入职佳能公司的想法，准备去找下一份工作。但是，即使总经理认为我不合格，但公司其他董事全都认定我合格，本着少数服从多数的原则，表决的结果是同意我入职了。董事们竟然能推翻总经理的意见，我觉得这家公司很有个性。

进入公司后，我曾提出搞多种经营，建议开发台式电子计算器，但遭到御手洗总经理的反对。据说，御手洗总经理曾与索尼公司的井深大总经理交换过意见，对方给出的忠告是，"搞电子行业很辛苦。"我认为这不过是井深先生的善意提醒。这次我真的怒了，冲着他生气地说："为什么自己部下的话您不爱听，反倒听从别的公司的建议呢？"

我与接任御手洗总经理职位的前田武男总经理也经常起冲突。正式开展计算器业务后，营销部门发出了开发低档计算器的呼声，前田总经理接受了他们的请求。但我却反对说："目前，佳能只有高档机种的销售渠道。"由此引发了众怒。

在那以后，低档计算器出现了质量问题。营销部门说："问题产品只占总量的两成左右，只更换问题产品就行。"当时我是财务部门的代表，我反驳说："如果不全部回收，会影响公司的信誉。"用现在的话说，就是全部召回产品。由于前田总经理采纳了营销部门的意见，我挖苦道："营销与财务意见相左，分歧巨大，您就武断决定。世上哪有这种不讲理的公司！"

当时，我暗下决心，"这家公司我不干了，到哪里我都能混口饭吃。"

那时我年轻气盛，所作所为并不是为了讨好特定上司或某些派系，完全是就事论事，所以才能得到大家的谅解，才没有被扫地出门。应该说主要是佳能公司的管理层没有拉帮结派，企业风气比较好的缘故吧。

御手洗先生在前田总经理去世后，指名让位于常务末席的我继任了总经理一职。我记得，前田先生在就任总经理后，曾采纳过我提出的经营改革方案，并对我说："就把它命名为'优良企业构想'吧。你觉得怎么样？"

我认为，企业需要营造一种敢于直言不讳的环境。我期待着大家对我直言不讳地提意见。但遗憾的是这种声音听到的太少了。

(选自 2000 年 11 月 27 日访谈录)

参考资料

日本佳能公司成立于 1937 年，是一家全球领先的生产影像与信息产品的综合集团。佳能产品系列分布于三大领域：个人产品、办公设备和工业设备。主要包括照相机及镜头、数码相机、打印机、复印机、传真机、扫描仪、广播设备、医疗器材及半导体生产设备等。

073　敢于越权做事才能成就一番大事业

生田正治

日本商船三井公司董事长

　　回想我的职业生涯中哪些事情留下的印象最深刻，我觉得是超越自己的职权范围站在更高层次上思考问题。如果是副科长就应该站在科长的立场上，如果是部长就应该站在董事的立场上，工作中不仅要关注自己职权范围内的工作，同时还应该把视野扩大到其他部门的工作上。

　　这是我担任定期航运部欧洲科科长时发生的一件事。我负责从日本通过印度洋驶往欧洲的定期船运工作。当时，中国制定了五项原则，其中一项是，如果与中国交往，就必须断绝与中国台湾之间的经贸关系。于是，日本的船舶公司就不得不关闭了驻中国台湾的办事处，只留下了少数人员。可是，英国和德国却可以招揽中国台湾客户。那时，英国、德国和日本共同组建了船运联盟，运营各自的商船。

　　无论是日本的商船，还是英国的商船，每艘船只都要为对方保留一定的货物空间。也就是说，即使是本公司的货轮，也必须为英国公司预留部分放置货物的空间。由于欧洲的轮船公司继续保持着与中国台湾的经贸关系，所以它们的船驶出日本后，依然可以停靠中国台湾的港口，去装载中国台湾客户的货物。但是，日本由于遵守了中国的五项原则，只能眼睁睁地看着他们去装货。

于是，我向直属上级领导建议说："不能因为要遵守五项原则，就眼睁睁地坐视英国和德国招揽中国台湾客户。日本也应该重开与中国台湾客户之间的经贸关系。"

我的建议惊出直属上司一身冷汗。无奈我只好直接去找主管董事陈述了自己的意见，最终在公司内部力排众议强行通过了我的建议。我立即奔赴中国台湾，做好了重新开业的准备工作。

我站在上级领导的立场上思考问题，替他们出谋划策做决定，本意不是想借此为升职铺垫，是因为在自己被授权的范围内工作无法顺利开展下去。与中国台湾重开贸易关系，并不属于我这位科长级干部权限内的工作。此时此刻，如果不把自己当成部长或董事去思考这等问题，就完全没有实现的可能性。

我非常看重"理念、战略、战术"。以明治维新为例，是由吉田松阴形成了理念，坂本龙马筹划了战略，伊藤博文和大久保利通制定了战术，才使日本成为现代国家。

但是，当今是拼速度的时代。一个人需要演好三个人的角色才行，即自己一个人必须掌握构筑理念、修订战略和制定战术的本领。已经不再是科长只需要制定战术就万事大吉的时代了。

担任专务董事时，我曾考虑过与国外的竞争企业开展国际间合作的事宜，当时我考虑的方案是把运行在 30 条航线上的各海运公司统合成 5 家。另外，两年前我们与那威克斯（Navics）航运公司合并了，擅长定期航线的商船三井公司与擅长运输原油等不定期航运的两家公司强强联合了。这种业务合作与企业体合并，是基于"为世界服务"的经营理念。

被局限在自己的权限或空间内思考问题，思维是有局限性的。偶尔与上级产生矛盾或发生冲突，最终会让你变得更大气，成就一番大事业。

(选自 2001 年 10 月 15 日访谈录)

参考资料

日本商船三井公司是世界 500 强企业。商船三井与日本邮船及川崎汽船并称为日本三大海运公司。以纯利润及市价总值计算，商船三井居日本第一位，而其销售额则仅次于日本邮船。

074   目标是争当"世界第一幸福企业"

辰野勇

日本蒙贝尔公司董事长、冒险家

　　我是第二个成功登顶有欧洲第一险峰之称的艾格峰北壁（MT. Eiger）的日本人。年轻时，我创立了户外用品公司。如此介绍自己，想必大家都会认为我是一个有勇有谋、有胆有识的人。其实，与人们的想象正相反，我是一个相当怕事的胆小鬼。我由于担心下雨会出事，所以，即使是当天能往返的登山活动也必须带上手电筒。作为登山家，我总是要把情况设想得坏一点。在经营上我也同样胆小，对风险管理更是小心翼翼。

　　不过，也许正是因为我胆小，28 岁创业时制定的各项计划几乎全都兑现了。我以 30 年为一周期，争取在此期间让公司销售份额占据登山用品市场 500 亿日元（当时的金额）中的二成左右。现在，本公司的年销售额已经超过了 100 亿日元。

　　我在山里也失去过同伴，就在自己的眼前。对于喜欢冒险的人来说，最大的心愿就是平安地活着归来。人活着就要有变

234

化，就要为此付诸行动。人们常说，当今的世界需要挑战，我就是为挑战而活着的那类人。

那么，企业家的挑战是什么呢？一般来说，有学问的人有一个共同点，就是都具备了专注力、持续力和判断力。但是，对企业家来说，除此之外，他们还需具备另一种重要的能力，即"决断力"。企业家一生中要做出无数次"裁决"。按照既定模式，再加入个人经验做出的决定是"裁决"，也可称之为"决断"。所谓"决断"就等同于挑战，而"决断力"是一种快速判断事物发展趋势，有时可以不按常理出牌做出选择的能力。

创业至今，我只做出了七次"决断"。其中的一次是在20世纪80年代后期，我决定停止销售占公司总销售额近四成的国外品牌Patagonia（巴塔哥尼亚）的产品。本公司也生产和销售同类产品，为什么还要同时经销其他公司生产的相同商品呢？另外，如果有一天他们不让我们经销这种商品的话，我们又该怎么办呢？突然有一天，我产生了这种不安情绪，于是就做出了停售的"决断"。前方道路的尽头应该是悬崖吧？正因为我胆小怕事，才去接受挑战。换在经营上，恐惧也就等同于挑战。

企业经营就如同登山活动中的翻山越岭一般。刚刚开始经营时由于人少，有些景色是看不到的，只有等到企业员工达到500或1000人时，那些美景才能尽收眼底。所以，到了那个时候自然地就会产生想去那里看看的念头。下一个30年的销售目标我还没有制定，因为我还没有想清楚未来的世界是否还有我们存在的必要。

我不擅长竞争。虽然经营上我们必须努力争取第一，但真的拿到第一名后，又担心被后来者赶超，一想到这些就让我感到窒息。那么，我们企业的发展目标到底是什么呢？我们目标是"世界第一幸福企业"。其实很简单，只要自己感到了幸福就行，重要的不是与其他企业攀比。当然，公司里的员工们也都有各自的幸福目标，但我们也拥有共同的幸福目标，为社会做贡献就是其中之一。

我们组织了蒙贝尔俱乐部，现在拥有 20 万个会员，价格上没有多大优惠，会费 1500 日元。我们利用这笔会费，为遭受地震灾害的地区捐赠睡袋等救灾物资，以及开展环保、社会福利活动。这项活动得到了社会上的广泛支持。今天，我仿佛已经看到了 100 万会员的美景。只要会员持续地增加下去，蒙贝尔公司一定会进一步赢得社会的信任。

（选自 2009 年 1 月 12 日访谈录）

参考资料

日本蒙贝尔公司成立于 1975 年。mont-bell 为法语"美丽的山"之意。以设计和生产野外服装和装备为主，该公司设计开发的轻量化外套及睡袋等，在世界市场上大受好评，同时也带动了野外用品轻量化的世界大趋势。

075 不盲目相信市场价值，要努力提升"企业内价值"

内田和成

早稻田大学大学院商学研究科教授、波士顿咨询集团前驻日本代表

1985 年初，我从日本航空公司辞职加入了波士顿咨询集团（BCG）。在同一家公司兢兢地业业地工作，一点一滴地积蓄能量，最终升职加薪，是普通工薪阶层的一生梦想。我不喜欢这种平淡的人生，选择向自己能力极限发起了挑战。当时，还没有这种语言的表达方式，用现代话来说，就是追求自己的"市场价值"，我跳入了一个以"市场价值"评价为主的世界里。

经营顾问不能给客户提供有价值的服务，就会被立刻"请出场"，我在公司里看到过这种情况。曾经有几位优秀的同事与自己涉及相同领域的工作，虽然没有谁强迫他们辞职，但他们自己察觉到自身缺少了市场价值，就主动请辞了工作。

我一直置身于这种严酷的世界里，所以当我看到在商业学校进修的社会人士以及在本科学习的学生们只把眼光紧紧盯在如何提高自己的市场价值上，感到疑惑不解。有不少人认为，

只要在专业上取得了 MBA（工商管理硕士）或注册会计师的资格，很快就能在社会上获取与其资历和能力相符的工作。但是，现实中仅凭这种资历和能力未必能在公司里一显身手。

比如说，在财务和法律事务等专业性极强的部门，公司在培养干部问题上，会有针对性地多挑选几名候选人来培养，让他们相互竞争。假设一位比你资历高的竞争对手争得了这个职位，那么，今后你就很难再有机会上位了。那些专业性强，但又不善于改行从事其他领域工作的人，即便调到其他部门工作，也很难再觅得自己的发展空间了。

如果在目前供职的公司里得不到重用，只要拥有敢于走出去的勇气，通过修炼提高自己的市场价值，完全可以去寻求一个能正确评价自己价值的平台。只是，如果你缺乏这种决心和勇气，只想在一家企业长期厮守下去的话，我认为，你应该把自己的目光转向"企业内价值"上。

所谓企业内价值，就是一个人在公司里能够发挥的价值。评价这种价值的高低取决于两个方面，一个是对公司内情掌握多少，诸如公司里的决策是通过什么流程确定下来的，怎样通过公司里那些说话有分量的关键人物顺利解决一些棘手问题等。另一个是对公司独特企业文化和氛围的理解程度，诸如你对类似"我们的质量绝对有保证"或"我们最重视设计"等独特的企业文化的理解有多深。

当"企业内价值"高的人被委派负责某个项目的工作时，

他必然会充分利用好自己掌握的各种资源优势，顺利地完成好公司交给的任务。于是，他在企业内的评价就会提升，晋升也必然会快于其他同事。

当然，如果仅仅是属于"万金油"的那种人，交给的工作完成得不好，这种人在公司里照样吃不开。我认为，优秀人才最好不要偏重市场价值或企业内价值的某一方面，综合打磨自己的能力对提高自身价值十分重要。

（选自 2012 年 11 月 5 日访谈录）

参考资料

内田和成从东京大学工学部毕业后，获得庆应义塾大学工商管理硕士（MBA）学位。曾就职于日本航空公司，1985 年加入波士顿咨询集团（BCG），2000 年担任 BCG 日本总裁。还担任过三井仓库的社外总裁、丘比公司社外监事等职务。

076　我相信人身上蕴藏着无限的可能性

羽鸟兼市

日本 IDOM（挑战）公司名誉董事长

开启基因锁，我亲身经历了筑波大学名誉教授村上和雄倡导的这种现象。

40 年前，我在老家福岛县经营了一家土木建筑工程的企业。当时，我收购了一家同行企业，在企业移交的那一天，当我到达该公司时，本该移交给我们的起重机等重要财产已经全部被搬空。这是一场彻头彻尾的骗局。

没过不久，我的公司也倒闭了，留下 3 亿日元的债务。为了养活一家人，我开始从事二手车生意，但做得很辛苦。某天，店里来了一个流里流气的顾客，在不知道我就是当事人的情况下，大大咧咧地说道："你知道吗？听说以前在这里的那家公司趁夜逃跑了。"

听得我浑身上下直起鸡皮疙瘩，但我知道从即刻起自己身体里的基因锁被彻底开启了。在此之前，我考虑过各种各样的赚钱方式，事到如今我彻底看开了，不会再顾忌"别人怎么看我了"。从那以后，我集中精力开展了二手车的销售工作。结果，我一个人一年就卖出了 600 辆二手车。这项纪录无论是在当时还是放在今天，都是最高纪录，无人能破。连银行都认为无法收回的债务，我提前三年就还清了。

许多人的基因锁处在"关闭"状态下，人生就结束了，这未免有点可惜了。当然，价值观多样化的今天，我不强求所有员工都能像我一样活着，只是希望他们能明白一个道理：人身上蕴藏着无限的可能性。

2011 年，年过七旬的我就是抱着这种目的挑战了横贯欧亚大陆的马拉松赛。其实，我并不喜欢马拉松，却要跑完从巴黎到北京大约 12000 公里的赛程。任何人都说绝无可能，医生也叫停我，但我没有听进去。我与同伴一起，留下遗嘱就出发了。

如果一想到自己已年过七旬，在困难面前就容易娇惯自己。所以，我一边鼓励自己说"我才 37 岁"，一边不断地奔跑着。不可思议的是，细胞也会返老还童，我丝毫也没感觉到身心疲惫。37 岁恰好是公司倒闭后自己开启基因锁时的年龄，以每天奔跑 43 公里的速度，我花了一年零一个月的时间跑完了全程。

参加这次挑战却让我有了意想不到的附加收获。在远离公司期间，我通过无线网络视频等手段参加了公司在日本召开的会议，毕竟我不能长时间远离公司的工作。

一次，会议上有人提议新建一家大型二手车经销店。虽然我不太赞成，但听说是那种不需要库存的商业模式，就勉强同意了。回到日本后，我马上就去了那家店铺，眼前展现的是一种自己完全想象不到的崭新销售模式。

一般来说，企业创始人对公司总会有一种恋恋不舍的特殊情感。以前，我从来没想过要引退，想一直干到 120 岁。但是，现在我逐渐地改变了这种想法，我开始觉得"为了公司的长远发展，是时候把接力棒交给下一代了"。今年 4 月，我开始放权，基本上不再参加公司内部会议了。虽然有时心里痒痒地想去参加，但我觉得既然下定决心放权就应该全权交给他们去做，不能再犹豫不决了。但是，即便我离开经营第一线，我向你们保证，在有生之年一定会把向下一代传递"人身上蕴藏着无限可能性"的工作坚持做下去。

（选自 2016 年 8 月 29 日访谈录）

参考资料

日本 IDOM（挑战）公司成立于 1994 年 10 月，1998 年上市。主要经营二手车及进口车销售业务，在日本国内有约 500 家经销店。

077 营销是"推销诚实"

本庄八郎

日本伊藤园公司董事长

我与哥哥本庄正则在创立伊藤园公司之前，分别在不同的公司做汽车销售工作。哥哥负责大型卡车和面包车的销售，我负责轿车的销售工作。

哥哥比我聪明，有想象力，喜欢思考，办法也多，脑袋里装的都是卖车的好点子。比如，现在很多面包车都被当成幼儿园的校车使用，而最初推广这种使用方式的就是我的哥哥。面包车刚刚上市时，许多经销商都不知道该如何推销，哥哥马上就盯上了幼儿园，他几乎走访了东京市内的所有幼儿园。可以说，在面包车的销售上，他在日本是数一数二的。

与聪明的哥哥相比，笨拙的我只能靠双脚赚钱。伊藤园公司的发展和壮大靠的就是哥哥的头脑以及我的双脚。

我们开始独立创业时，哥哥30岁，我24岁。为了不与之前教会我们工作的公司对着干，我们决定做食品生意。

刚开始时，我们尝试过很多销售方式。如以住宅区的家庭主妇为对象，学着富山的卖药模式，把罐头装在纸板箱里送货到家。由于是给白天家里没人的客户送货，因此我们收不上货款，只干了 3 个月就做不下去了。在那之后，我们做了食品的二手批发商，事业才开始有了眉目。

当时，正值超市业蒸蒸日上的发展期，我们每天都能批发出大量商品，其中一款是茶叶。从毛利率上看，罐头的赚头只有 5% 左右，而茶叶的利润率却高达 20%。一般来说，二手批发商的利润很微薄，但我们的茶叶是从一手批发商，一家叫"伊藤园"的小茶叶商手中直接进货的，所以毛利率较高。

后来，那家企业的老板去世了，听说公司要关张，我们就把该公司及"伊藤园"的商标权打包买了下来。从此，我们把所有精力全都放在茶叶的生意上。这一切似乎全是命运的安排。

我们是销售人员，只要有商品知识，什么东西都能推销出去。但营销的根本是先学会推销自己。那么，我们身上什么东西最值得推销呢？我觉得是"诚信、诚实和诚恳"。如果能让对方认可自己的诚实性，任何商品都能推销出去。

本公司宗旨的首条是"顾客至上，诚信第一"。这是我们必须信守的重要原则。因此，新员工入职培训的第一堂课都是由我亲自负责，在第一堂课的两小时中，我彻底地向他们灌输营销的基本理念，让他们做好充分的思想准备。因为现在最了解本公司创业精神的人只剩下我一个人了。

我们之所以一直坚持采用商品直销体系，就是为了恪守我与哥哥一起为本公司销售人员制定的"推销诚信"这条法则。从靠批发商销售产品的制造商的角度来看，我们的销售方式纯属游击战。因为我们基本上不打广告，主要是靠分布在全国约200家分店的营业员，是他们用自己的双脚让商品在全日本走红。

迄今为止，伊藤园公司已经开发和生产出许多世界上前所未有的产品，如真空包装茶叶、罐装乌龙茶饮料、瓶装绿茶饮料等。这些都是因为我们的营销人员认真倾听了顾客的不满，设计和生产人员不惧失败，解决了一个又一个难题后，成功挑战的结果。

公司不会因员工失误而倒闭，只有老板的失败才能搞垮企业。所以，我希望员工在年轻时做事不要畏手畏脚，要敢于不断向新事物发起挑战。

（选自 2016 年 10 月 3 日访谈录）

参考资料

日本伊藤园公司成立于 1996 年，是一家日本的饮料生产企业。以茶品、果菜饮料、咖啡等为主要产品，其中绿茶产品最著名。1979 年，该公司从中国进口乌龙茶并生产出世界上第一个罐装乌龙茶饮料产品。

078   永远保持一颗享受小小奇迹的童心

杉山恒太郎

日本光宣传公司代表董事兼副总裁、电通公司原常务董事

"闪亮的小学一年级新生"曾是小学馆学习杂志在电视上做的电视广告，它是日本第一个使用摄像机拍摄的电视广告。1978 年之前，广告片都是用胶卷拍摄的，在胶卷冲洗出来之前，没人知道拍摄的效果如何。从那年开始，拍完广告后当场就能看到拍摄效果的摄像机闪亮登场了。由于画面质量远不如胶片清晰，当时制作广告的前辈们对摄像机敬而远之，都说这种东西根本制作不出像样的广告。但我却对此跃跃欲试，愿意率先做出尝试。

录像摄影的强项在于即时性和生动性。于是，我把这个广告视频设计为 15 秒钟的现场直播方式，把上镜头的"一年级新生"的真声与真实动作不加修饰地表现出来，如"让樱井婆婆给我买书包吧!"。我相信，任何编剧都写不出来这样的台词。由于是零预定调和，因此该广告播出后大受欢迎。

在那以后，我又拍摄了"7-11 便利店，进店好心情"以

及以法国诗人阿尔蒂尔·兰博（Arthur Rimbaud）为题材的广告。大概是在 1998 年的时候，突然有一天领导指派我做数码领域的广告。

那个时代，IT 还只限于以图标广告为中心，几乎没有收益。我们在电梯旁的一个小房间里，聚集了一群完全不懂广告的理科人，树起了数码部门的旗号。同时，我在人生中第一次饱尝了从未体验过的所谓同情，"杉山，你被降职了吗?"（笑）

但我不甘示弱，很快就摆正了自己的心态，开始积极面对眼前的一切。我对自己能率先尝试新鲜事物，更感到无比喜悦。从此，我与 MIT（麻省理工学院）媒体实验室创办人尼古拉斯·尼葛洛庞帝（Nicholas Negroponte）和西摩尔·派普特等数码界的超级大佬们结下了不解之缘，这是我人生中最欣慰的一件事，我为自己能奠定日本数码广告的基础引以为傲。

我认为，重要的是以积极向上的心态接受变革。其中的秘诀是，"迷茫时就选择与渴望自由的人为伍"。人往往会沉湎于以往的成功以及社会的常识中不能自拔，对变化容易产生恐惧心理，所以才一味追求"预定调和"。我觉得这样会束缚住自己心灵的自由，我十分厌恶这一点。相反，如果你有过抛弃这种臆想的体验，才会切实地感受到"我自由了"，那种喜悦心情无与伦比。

想要一直保持青春活力，就必须跳出预定调和，去偶遇那些"小奇迹"的发生。无论多么细小的事情都不必在意，哪怕是看电影时你意外地哭了，望着云朵你放声地笑了，喝到美味的咖啡你大声说好喝，等等。一个个小奇迹就会让自己从臆想中走出来，通过不断发现新的自由，我们完全有可能迅速地成长起来。"今天我还会遇到与昨天不一样的新鲜事物吗？"让我们带着这种忐忑不安的心情去迎接每一天吧。

在"闪亮的小学一年级新生"广告拍摄背后，还有许多故事发生。在小学馆试映时，会议室里的每一位来宾可能都在想象这个广告应该按照以往的惯例，拍成孩子们懂礼貌，守规矩的样子，但当他们看到样片时，表情在那一瞬间全都僵住了。当时，我甚至产生了片子会"被雪藏"的感觉。这时有一位上了年纪的领导发话了，他说："你们还是应该把它交给年轻人去做。"他真是我人生的大恩人。将来有可能的话，我也愿意成为能对年轻人讲出这番话的老头儿。

（选自 2018 年 2 月 5 日访谈录）

参考资料

杉山恒太郎 1948 年生于东京。日本光宣传公司代表董事兼副总裁、CDO 创意总监。自 1999 年以来，他作为数字领域的领导者，为建立互动通信做出了贡献。他是为数不多的熟悉传统广告和互动广告的执行创意总监。担任过戛纳国际广告节评委。

079　只有勤奋努力的人才能"走好运"

石桥康哉

日本克雷西控股公司副董事长

人们常会羡慕地说："那家伙运气真好！"难道世上真有生来就交好运的人吗？如果仔细观察，你就会发现其实那个人身上的好运都是别人带给他的。所以，一般来说"走运"的人，都非常珍惜与他人的相识。相反，强调自己"一直不走运"的往往是那些不太重视与他人交往的人。

前些日子，我与某大企业的高层闲聊时，他说道："说起佳丽宝（克雷西公司的前身），让我想起一个人来。"他说出了那位公司原领导人的名字。那家伙是海量，宴会上表现相当出众，是那种见一次面就让人忘不掉的人。实际上，对我来说，他说的那位也属于我"师傅级"的人物。完全是一次偶然的机会，但可以说，正是由于他十分重视这种人与人之间的"人际交往"，这种偶然机会才会成为必然。

遇见那位前辈是我刚刚进入公司工作的时候。我被分配到化妆品部门工作，入住了公司在西宫（兵库县）的职工宿舍。

宿舍里有一位大我七岁的"宿舍头"一般的人物，他不仅使用着自己的房间，还占用了其他两间房堆放杂物，其中一间被称为"图书馆"，里面堆满了哲学书籍、营销书籍以及各种畅销的小说。

他对我说："我能想象出你学生时代没正经八百地读过书，把大部分时间都用在体育运动上了吧。所以，从今往后你每天哪怕抽出 5 分钟也好，多读点书吧。"

他说自己无论喝多少酒，每天晚上回来后都坚持读 3 小时的书。开始时我以为他在骗人，所以半夜上厕所时，都会悄悄打开那间"图书馆"的门往里瞧瞧，但每次都能看到他端坐在书桌前。所以，我也不得不开始读书了。受他的熏陶，我也养成了阅读各类图书的习惯。

读书对我的"人际交往"到底起了多大的促进作用，我说不上来，但可以说，它不仅仅是丰富了我的知识与素养，还让我在书店里寻找有趣的图书时，巧遇过意想不到的"邂逅"。读书与"人际交往"在本质上有相通之处。据美国著名的医学家说，"在你所阅读的书籍中，有 20% 的书与你的工作有关就足够了。剩下 80% 的部分，能阅读一些与工作无关的图书效果会更好。"有些书籍看上去与工作无关，但在阅读中会让你产生突发的想法，会对你的工作产生积极的作用。

进入公司工作的第三个年头，有一件事让我深有体会。我们同期入职的同事隔了很长时间搞了一次同事聚会，在我们的印象中本该是最聪明的那个人却失去了往日的光彩。他本人在与我们的谈话中似乎也发觉了这个问题，他反思道："这三年里我一事无成。"

当时，我们工作上打交道的对象是化妆品商店的女老板和女售货员，如果聊一些日经新闻上的话题，有点难为她们，会被敬而远之的（笑）。但只要你读过女性杂志或看过体育报刊上的艺能报道，你眼前的工作就能顺利展开。

这种不同的习惯坚持三年之后，双方的差距就会越拉越大，并且也会深深地影响到各自的人际交往。除了读书以外，接触电影和艺术不仅能够提升待人接物的本领，同时也可以帮助你提高掌控谈话内容变化以及观察谈话对象面部表情变化的能力。只要你认真面对眼前的每一件事，最终它们都会自动"串联"起来为你所用。

只要坚持下去，周围的人就能教会你许多东西，给你介绍各种人脉关系。那些表面上看上去"走好运"的人，其实正是通过在暗地里的不断努力才积累了如此的好运。

（选自 2018 年 2 月 26 日访谈录）

参考资料

日本克雷西控股公司成立于 2007 年，专营原属于日本佳丽宝集团旗下的日化用品、药品、营养食品等。由于 2006 年佳丽宝集团加入了花王集团，佳丽宝原母公司持有的全部高端品牌都被花王集团带走了，只剩下像 Naive、SILK 这种平价品牌仍旧留在了佳丽宝。由于看到这些品牌仍有很大市场，佳丽宝成立了克雷西公司来管理这些大众品牌。

080 提高"倾听力"才能真正了解顾客诉求

赤松宪

日本三越伊势丹控股公司董事长

我是在 1975 年进入三越公司工作的，工作以玩具卖场为起点，辗转过包括女装在内的许多不同类型的卖场。

那时，让我感触最深的就是顾客投诉多，大多集中在衣服改不好以及交货期延误上。主要是因为顾客对三越品牌的期望值太高，我们的服务跟不上，没能满足他们的要求，所以备受批评。

"叫你们的领导出来！"此时，被叫出来后，如果急于解释，反倒会火上浇油，导致顾客进一步怒火中烧。

我是有过几十次经历后才终于明白了这一道理，即一开始就必须耐心倾听顾客的陈述。重要的是，先要搞明白顾客为什么生气，对什么不满。此时，对你来说，需要做的只能是听，不断地听。只有让顾客把心中怨气全部倒出来，而你百分之百地倾听进去后，才可以开始应对。

"倾听力"的重要性不仅表现在与顾客的接触上。我后来被调职到系统管理部门，负责引进 POS 机系统的工作。计算机系统的要求与现场的实际操作之间有着必然的差距。为此，我多次认真听取了现场工作人员的呼声，并把这种声音向上级做了反映。这样做的结果是最终完善了一套使用性能良好、普遍受欢迎的计算机管理系统。

越是在发生丑闻时，越能考验一个人的"倾听力"。2013年，许多企业发生了食品造假丑闻，此时，在三越日本桥总店和伊势丹新宿总店内设立的餐厅也被发现了与菜单标识不符的菜肴。他们把"香蕉虾"标注为"芝对虾"或"大正对虾"，把中国产的栗子当作欧洲产的栗子出售。

当时，我作为负责危机公关的高管出席了记者招待会。在接受严厉质问的过程中，让我感触最深的就是不能让社会感到"自己是在逃避责任"。

在其他公司的记者招待会上，他们的发言让人感觉到他们是在有意把责任转嫁到餐厅经营者的身上。虽然我们没有直接参与餐厅运营，但是，有些人是冲着三越或伊势丹的品牌来这里就餐的，这种对顾客背信弃义的行为，我们在管理上应该负有责任。于是，我们明确表达了要负起责任认真应对的态度，诚恳地赔礼道歉，结果我们的危机很快就平息了。经过这次地狱般的洗礼，我体会和学到了许多东西。1990 年，在三越对物流管理系统全面改组时，爆出了严重问题。作为总负责人的我，几乎一个月没回家，一直吃住在公司里，每天让家人把换洗的衣服带到公司。我深感责任重大，甚至一度产生过辞职的念头。

但是，由于我认真倾听了各方人士的声音，在反复讨论中，我终于看到了曙光，明白了什么重要，什么该优先处理，哪个部分应裁减等，终于使系统步入了正轨。

三越与伊势丹合并后，"倾听力"变得越发重要了。当在不同文化背景下成长起来的人聚集在一起时，深刻理解对方的想法是非常必要的。每周召开的经营会议，有时从早上9点半一直争论到傍晚17点，我们各自坦率地讲出自己的心里话。虽然我们面临着许多亟待解决的课题，但我们愿意倾听对方的意见，找出各方认可的共同点，共同携手向前进。

（选自2018年12月10日访谈录）

参考资料

日本三越伊势丹控股公司由日本两家老牌连锁百货公司三越与伊势丹于2008年4月1日合资成立。三越创立于1673年，伊势丹创立于1886年。三越伊势丹是日本最大的百货集团，在日本全国经营着26家商场。

第七章

人生篇

081 逼上绝路才能进步

杉原辉雄

日本职业高尔夫选手

我身材矮小，身高只有 162 厘米。20 多年前，当尾崎将司选手进入日本高尔夫球界后，日本才迎来了高尔夫球手身材高大化的时代。从那时起，以右曲球为主体、球风扎实的我也迎来了职业生涯的新转机。

我一号木的开球距离只有 220 码，如果想获得好成绩，起码还要再增加 10 码或 20 码的距离。

但是，长年的习惯已让我的身体有了挥杆的记忆。我家附近有一所高尔夫球场，在学生时代为了赚点零花钱，我经常去球场当球童打零工，这成了我接触高尔夫运动的开端。那时，由于我未能考上大学，头脑里忽然闪过"靠职业赚钱"的想法，于是，我就走上了职业高尔夫球手的道路。

1962 年，在日本公开赛上获得了职业生涯的第一个冠军后，我就陷入低谷，在苦苦挣扎中，却迎来了选手身材高大化的时代。如果不改变打法，球的飞行距离就不够，作为职业选手的生涯也就到此为止了。但是，或许正是因为我被逼上了绝路，反倒让我从此掌握了左曲球的打法。

不少职业或业余选手请我指导过高尔夫球技。我可以教给他们把曲球纠正成直球的打法，但若想把学到的内容完全消化却并非易事。明明还处在改正击球姿势的过程中，但很多人却产生了想要击准球的欲望，不知不觉中又回到了以前的毛病上。如果只是在练习场上问题还不大，但在纠正打姿的过程中就匆忙下场打球，为提高成绩一不留神就会忘记纠正过的正确打姿，从而导致前功尽弃。

记住不良挥杆动作的不是脑袋而是肌肉。因此，若想纠正记忆在体内的这些毛病，需要付出相当大的努力。极端点儿说，练习时打不到球没关系，做到空挥杆就可以。如果没有彻底纠正打姿的坚定意志，是达不到矫正挥杆毛病的目的的，以前养成的不良习惯依然会附着在身体上，之前的一切努力都将半途而废。

我认为，前来求教的人最终为什么学习成果都不理想，就是因为他们自认为没有必要把自己逼上绝路，为自己留下了巨大的回旋余地。

这两三年，我在职业巡回赛上远离了冠军的争夺，就连亲近我的人都认为我"已经不行了"。今天，距离我在职业比赛中首次获得冠军已过去了 30 载，在此期间我也获得了不少冠军，因此不少人都劝我说："今后你就专心参加 50 岁以上的常青藤组比赛吧。"（老年职业选手的高尔夫球赛——译者注）这种声音不绝于耳。

"这绝对不行！"我从来没有过这种念头。以前，我是受人之托，作为交际的一环，每年才参加两三次常青藤组比赛。说句心里话，其实我真的不想参加。"那家伙的职业生涯快到尽头了，是不是再让他打几场正式比赛？"我倒是希望有人能替我说句好话，让我多打几场正式比赛，更希望自己一辈子都能朝着高尔夫球界的巅峰迈进。

即使到了这把年纪，比赛输了我还会偷偷抹眼泪，甚至也会怨恨那些打败自己的对手。迄今为止，我还是看不破红尘，仍然是那种输了也不服输，还想再战一场的性格。正是这种"逼上绝路才能进步"的无畏气概，才成就了我的高尔夫职业生涯。

（选自 1994 年 10 月 3 日访谈录）

参考资料

杉原辉雄，球童出身的职业高尔夫选手。1957 年转为职业选手，1962 年在日本公开赛上赢得职业生涯第一个冠军。职业生涯长达半个世纪，在日本巡回赛上有"小巨人"称号。

082 我喜欢幽默的东西

赤冢不二夫

漫画家

据说，现在的孩子们都知道我的漫画，甚至还有许多孩子能画出尼亚美和凯恩帕斯，这是真的吗？我有点怀疑。我觉得现在的孩子们不应该知道我的漫画，因为我早就停笔不画了。

难道我的漫画真的不存在世代隔阂吗？

确实如此，因为我的漫画真的很有趣。我太有才了！开个玩笑（笑）。我的画风既新颖又简练，从这种意义上说，能让人感到亲近，爱不释手。

不过，有些人常问我，画漫画苦不苦，费脑筋吗？其实，我从未为此痛苦和苦恼过。当被问道："创作幽默漫画不能重复使用相同题材，你会感到辛苦吧？"我从未想过这是件辛苦的工作。

我喜欢有趣的东西。因为喜欢幽默，所以就把它画了下来。而且，想画多少就能画多少。从20世纪60年代到70年代，我在少年漫画杂志上连载了《阿松》《天才傻瓜》《怪物太郎》等漫画，从来没有因没点子而伤过脑筋。说真的，我脑中的新点子一个接着一个，层出不穷。每天我都边喝酒边画画。

当然，我也为此付出过努力。在漫画畅销之前，我也拼命地学习过。为了解漫画世界发展状况，我也看过其他漫画家的漫画。看过手冢治虫老师的连环漫画故事，他那气势磅礴的大手笔让我惊叹不已，我心里暗想："那个世界只属于老师一人，我就走一条与他不同的道路吧。"

然后，为了提高自己的品位，我读过许多书，看过许多电影。

特别是看了几万部电影，我把好莱坞出品的电影从音乐剧到西部片全都看了一遍。

结果太不可思议了，只要我一想到画漫画，不知不觉中，各种角色就会自然而然地浮现在我的眼前，根本不需要再思考和构思。当我想要画出鳗鱼和狗的合体时，"鳗鱼狗"的形象就自然地出现在我眼前。

俗话说，皇天不负有心人。只要对自己喜欢的事情认真努力去做，进步就会很快。在我们那个年代，父母的管教非常严厉，因此，我从小时候就萌发了"必须按照自己的方式生活"以及"开创自己的世界"的念头。这种想法影响了我的一生。

如今的年轻人大多数都依赖于他人，以为任何事情都会有人替自己解决，这样下去真的不行。自己的人生，自己必须好好走下去。

这都应该"归罪"于父母。因为现在的家庭里孩子太少了，一个家庭最多有一两个孩子，再也看不到有七八个兄弟姊妹的大家庭了。孩子少，是家中的宝贝，这样溺爱出来的只能是长不大的娇小孩。

有时，我也觉得奇怪，自己为什么变成了一个爱搞笑的人。"我一生就想搞笑""希望能想出各式各样的噱头，做前人从未做过的无厘头……"我内心一直都在琢磨这个问题，我为什么会对搞笑事业痴迷到如此地步，这成为我心中无解的谜团。

（选自 2000 年 9 月 1 日访谈录）

参考资料

赤冢不二夫，本名赤冢藤雄，漫画家，赤冢制作社董事长。1959 年，因作品《漫画王》一炮走红。1962 年连载作品《阿松》扩大了影响。1965 年发表代表作《天才傻瓜》。赤冢的人生信条是"人生即搞笑"，以简略造型演出无厘头的情节而令人爆笑不止。

083 不以"极限"为借口，突破条条框框自由飞翔

横尾忠则

画家

两年前，我望着自己的画，曾产生过这种念头：其实，这个世界上根本就不存在所谓的"横尾流派"，只不过是因为某些人这么认为而已。

那幅画是我描绘自己出生和成长的兵库县西胁市 Y 字路口的一幅风景画，没有特点，谁都能画出来。那幅画是在东京都现代美术馆举办的我的绘画回顾展上展出的，展期至 10 月 27 日。不过，如果换在其他的地方看到的话，也许不会有人知道这是我横尾的绘画吧。

以前的我总是将自己记忆中的风景、人物和梦中情景等个人印象融入到绘画中。有一次，因为还想画同样的作品，所以我就再次踏上了西胁市的土地，结果发现在 Y 字路的那家模型商店不见了，那里已不是我记忆中的情景，变成了我第一次看到的景色。

如果换作以前我会抱怨一句，但那时，我忽然觉得变就变

了，不值得大惊小怪，就照实画吧。我反倒觉得，似乎风景在急迫地等待我去画它。从那一刻起，我第一次以绘画人的心情去面对画布了。我从怀旧中解放了自己，开始追求写实了。我不再是优先追求艺术而漠视现实生活的画家，而是想把现实生活集中反映到自己作品中的人了。

我从平面设计师转向画家是在 1980 年，时年 44 岁。转变的契机是观看了在纽约近代美术馆举办的毕加索画展。

画展当天，展厅里人头攒动，拥挤得几乎挪不动脚步。实在没办法，我只好长时间驻足在同一幅作品前，久久望着眼前的绘画，突然间我的内心莫名地冲动起来。造成这种冲动的原因是，毕加索的素描画中，即使是绘画日期连在一起的素描，画风也完全不同。比如，他可以用立体派手法把分手的恋人画成妖怪的模样，也可以把新交的恋人用新古典派手法画成漂亮的美女。在画展上，我接触到了忠实于自己想法的毕加索，从离开美术馆的那一刻起，我坚定了成为一名画家的决心。

但现实中，开始绘画以后，我的所作所为却与当时的心情截然相反。那时，我心里在意的只是什么题材好，展览会怎样安排我的画以及对我的评价等。本以为找到了忠实于自己的轻松惬意的画法，但现实中却无法兑现。由于周围人都期待着和要求"横尾流派"的出现，所以我也决心画出让人一目了然的横尾流绘画，因此绘画中带入了强烈的个人色彩。

优秀的艺术作品应该不分年龄、性别和国籍，具有人见人爱的普遍性。不应该是那种只能在小范围内获赞，而缺少某种素养或学识的人看不懂的东西。

徘徊在 Y 字路口这幅画尽管与毕加索的画不在同等水平上，但我能把自己的想法真实地画出来，从这种意义上说，它们又应该是相同的。

所幸的是，我没有认为自己的能力达到了极限。常言道"人贵有自知之明"，这句话看上去颇有些道理，但如果一个人早早就限定了自己的发展极限，这句话反而会成为各种不作为的借口。

尽管我也会在无意之中给自己设下条条框框，但我会不断去冲破它。也许应该感谢上天赐予我永不满足的性格，所以我还会继续努力地改变下去。

（选自 2002 年 9 月 30 日访谈录）

参考资料

横尾忠则生于 1936 年，是日本一位既多产又极具国际知名度的插画艺术家。他的职业生涯始于舞台设计师的身份，为东京剧院进行前卫风格的舞台设计。曾就职于神户新闻社，负责装帧设计。1982 年，在南天子画廊举办绘画近作汇总个人展览，作为一名画家开始活跃在日本的绘画舞台上。

084　敢于突破束缚，善于"开创"的企业才能成功生存下去

日野原重明

日本圣路加国际医院理事长

前些日子，难得有机会近距离观看富士山。仅是抬头仰望，身心就仿佛得到了净化一般，感到眼前的一切"让人心旷神怡"。这是我参加相关医学教育研讨会期间的事。在富士山脚下这片美丽的大自然风光中，从全国各地聚集了40人左右的大学教授和医院院长，共同开展了医学讨论。最初，与会者的脸色深沉严肃，到了第3天，大家的脸色变得清莹透彻。在大学或医院的会议室里达不到这种效果，我感受到了大自然的巨大威力。

教会有召开"退修会"的说法。是离开世俗社会进入森林中，一边净身一边祷告。与所处环境和立场不同的人一起冥思默想，你会发现世上有一些比自己遭受更多束缚而仍然努力生存的人。这会让你激发出面对明天的勇气。

战败让我有了第一次体验。这件事是日本战后不久我为美国大使出诊时发生的事情。大使夫人给我端出了一杯咖啡，并

配上了三颗方糖。趁着大使夫人去厨房的空当，我偷偷把方糖放入口袋里，装作若无其事的样子喝光了咖啡。我这么做完全是为了家里五个想吃甜食的小孩子，那个年代糖是很难搞到手的。尽管人们生活很艰苦，但他们乐于分享微薄的食物，艰辛地度过了每一天。

尽管今年我已经 93 岁了，但是对于眼前该做的事，我还会一如既往地全力以赴，这种积极进取的精神丝毫没有改变。实际上，我在 90 岁时，参与了十年规划的遗传基因解析工程。我估算，出结果时我应该 100 岁了。很多人怀疑"你能活到吗?"(笑)。但是，日本超过 100 岁以上的老年人，40 年前是一百多人，现在已增加到两万人以上，我觉得有这种可能性存在。如果能让我善始善终地完成这项工程，我会感到十分幸福。

著名哲学家马丁·布伯留下了这样一句话，"人只要不忘初始，就能永葆青春。"我的理解是，人只要不断挑战新生事物，尽管身体会衰老，但心灵会永葆年轻。于是，我按照自己的想法，把这句话中的"初始"改写为"开创"(在日语中两个词发音相同——译者注)，作为我的人生座右铭。

我非常忙。一般来说，为了健康，人需要保证充足的睡眠，按时进三餐，持续适度的运动，但这些我无论如何都做不到，对我来说，简直就是画饼充饥。我除了要做医疗、医院经营的本职工作之外，还要著书写文章，每天工作八小时。尽管如此，我每天都神清气爽，心情愉快。我巧妙地顺应了年老体弱的身体要求以及很好地应对了紧张不规律的工作日程，每一天都精神饱满地生活着，这就是我的"长寿秘诀"。

日本战后过去了将近 60 年时间，企业和经济系统也显著地"老化"了。到处都说没有预算，缺少人才，经济不佳，政府腐败等，但这些抱怨并不能改变什么，我们必须用现有资源去寻找突破口。人并不是为了商业活动而活着，而是为了有尊严地活着而从事商业活动。越是身处这种时代，我们越应该重新返回人生的原点，整装再发。我期待着会有更多的能用成熟智慧适应环境变化、掌握生存之道的企业登场。

（选自 2004 年 1 月 5 日访谈录）

参考资料

日本圣路加国际医院是位于东京都中央区的大规模综合医院，是日本知名大型医院之一，也是集医疗、科研、教学于一体的大型综合医院。

日野原重明生于 1911 年 10 月 4 日，2017 年 7 月 18 日辞世，享年 106 岁。在去世前的几个星期，他还坚持出门诊，可以说工作到了人生的最后一刻。日野原重明毕业于京都帝国大学医学部，生前担任日本圣路加国际医院理事长、名誉院长，曾获选为国际内科学会会长、国际健诊学会会长。

085 尊重人、投资人、记人名是与人交往的基本要点

佐佐淳行

日本内阁首任安全保障室室长

在工作中，我最看重的是人际关系。我把大量时间与金钱都投资在人与人之间的交往上了。

重视人际关系最基本的要点是，记住对方的面孔和名字。在我担任警视厅外事科第一股长时，到任后的第二天我就全部记住了手下 15 个人的名字。事前，我调来相关的人事资料，像学生背英语单词一样，记住了他们的名字。我觉得，张口把他们叫成"那位年轻人"与直接叫出"山田"这个名字，效果截然不同。

在第三天举行的欢迎会上，有一位部下略带挑衅地说："即便是东京大学的优秀毕业生，也不可能全部说准我们的名字！"我告诉他："我能说出来。"结果，只有一个人我没能想起他的名字，恰恰就是前不久因丢失了警官证刚刚接受处分的那个部下。按常理，我记得最清楚的应该就是他，这也太戏剧化了吧。

作为驻中国香港领事赴任期间，我全心全意地关照了那些从日本来中国香港的不习惯海外出差的有关人士。在自动门锁还很少见的时代，我曾经"救助"过许多只穿着内衣内裤就被锁在房门外的"受难者"。三年期间，我积攒了3000多张名片。

心里装着他人，他人心里也一定会装着你。从中国香港回日本那天，有300多人到机场迎接我，令我深受感动。当时，受到我照顾的人里面有在野党的国会议员。后来，我作为防卫厅（现改名防卫省）的政府委员出席国会答辩的时候，他几乎没有提出苛刻的质询来为难我。

重视人际关系是我从祖父和父亲那里学来的。祖父即便自己不吃不喝，也优先为牺牲的部下建造了忠魂塔。

我的祖父是肥后地区熊本县的士族。在西南战争中，他加入了西乡军，作为熊本军队的中队长参加了战斗。西南战争后，差点以内乱罪被判处死刑，只因年轻才24岁，在周围人的极力袒护下，他最终只被判处了有期徒刑。虽然命是保住了，但出狱后的生活却极其穷困潦倒。士族的身份被剥夺，没有俸禄了，因为是政治犯，也找不到就业的机会，不仅如此，他还因为在战争中受过伤而身体不佳。

在那种艰难的日子里，祖父仍然致力于建立祭祀部下的忠魂塔。他四处募捐，最终把建塔地址选在佐佐家位于熊本县的领地黑发山的山顶附近。

我效仿祖父，连续 43 年参加了浅间山庄事件殉难者的慰灵祭活动。我还一直关照着在我指挥下牺牲的那些部下子女的升学和就业。

父亲是纯学者，参加过近卫文麿的智囊团"昭和研究会"。据说，昭和研究会受到东条英机的镇压被迫解散时，近卫先生亲手送给父亲 5 万日元的饯别费。父亲把这些钱毫无保留地分给了帮助自己出谋划策的同伴和弟子们。当时，如果用这笔钱在东京市的世田谷区买地建房，说不定二战后能过上舒舒服服的好日子。但父亲一生都甘愿清贫，知恩图报，投资他人。

在投资他人时，钱的使用方式也很重要。我视为老师的后藤田正晴曾评价我说："佐佐君喝的都是自己的干净钱。"我绝不用公家的钱请客吃饭。

（选自 2015 年 4 月 13 日访谈录）

参考资料

佐佐淳行 1930 年出生，内阁首任安全保障室室长。东京大学法学系毕业后，进入国家和地方的警视本部工作。历任警察厅警备课长、三重县警察本部长、防卫厅官房长、防卫设施厅长官。1986 年出任首任内阁安全保障室室长。

086　事物是相对的，任何人都有可能成为加害者或受害者

明石康

联合国前副秘书长

任何事物的存在都是相对的，立场不同会看到完全不一样的一面。辨别黑白和区分善恶绝非易事。面对任何事物，我的头脑里都时刻紧紧绷住这根弦。在我作为联合国官员参与对前南斯拉夫的波斯尼亚与波黑的那战争的裁定上，坚决做到了"不妄下结论"。

在这一地区，原本塞尔维亚人、克罗地亚人和波斯尼亚人三个民族相互通婚，共同生活。但是随着民族主义领导人的出现，这里成了充满不信任和相互憎恨的地区。

媒体把一方当事者塞尔维亚人势力认定为坏人，美国也采取了相同的态度。但是，如果非要说另一方当事者波斯尼亚政府完全清白的话，事实并非如此。波斯尼亚一方故意从学校或医院附近攻击塞尔维亚人势力，迫使其反击，借机宣传这是"惨无人道的行为"。所以他们既是加害者，同样也是受害者。

是那场世界大战让我第一次意识到了事物的相对性。那些

曾被我们称为妖魔鬼怪的英美人，以日本战败为契机，瞬间被礼赞成为和平与民主主义者。

进入东京大学后，在文化人类学的教学中，我曾读过鲁丝·本尼迪克特的《文化的类型》一书。此书对我产生了极大的影响。以分析日本"耻感文化"的《菊与刀》而闻名的鲁丝，主张各种各样的文化是各自完结的存在，没有优劣之分。

战后，马克思主义以其英姿勃勃的形象似乎一夜之间取代了军国主义，但这种正面形象随着 1956 年发生的匈牙利事件变得荡然无存。这是因为信仰马克思主义的一方枭雄苏联入侵了友好邻邦。

参与解决纠纷也容易遭到批评。我在参与解决旧南斯拉夫纠纷中，也受到了对立双方的指责。塞尔维亚人势力因为"被炸了"而感到愤怒，波斯尼亚政府方面控诉说"联合国副秘书长明石根本不帮助我们"。美国驻联合国大使马德琳·奥尔布赖恩特等人也在美国 CNN 的节目中点名批评我，理由是说我试图说服某权威报纸让美国向联合国保护部队派遣美国的地面部队。

被点名批评不是件愉快的事情，但我把它认为是相对的和暂时的，我顶着毁誉褒贬努力工作。

形势也是相对的，有光明的时候，也有会黑暗的时刻。在黑暗的时刻里，我尝试讲一些笑话逗笑周围的人，作为我消除压力的方法之一。小时候我非常淘气，喜欢搞恶作剧。说到讲笑话，我就想起了俄罗斯现任外长拉夫罗夫，我们一起在联合国工作过。他会装出一副呆萌的样子，讲出一些让人捧腹大笑的笑话。

佐藤尚武先生是我敬重的人物之一。他担任外长后，在战争结束前又担任了驻苏大使。为了说服当时的政府接受波茨坦宣言，他流着眼泪拍发了长篇电报。正是因为身处国外，他才有机会相对地看待了当时的日本，才可能做出那样的忠告。

（选自 2016 年 12 月 26 日、2017 年 1 月 2 日访谈录）

参考资料

明石康，日本资深外交官和联合国前高级主管，曾任联合国主管人道事务与紧急援助的副秘书长。

087　抛弃过眼烟云的名誉和地位，保持一颗"小僧之心"

盐沼亮润

日本福聚山慈眼寺住持

　　我在老家宫城县仙台市的福聚山慈眼寺担任住持一职。我并不是寺院僧人的后代，在当地高中毕业后，去了奈良县吉野的金峯山的寺庙出家。出家的契机是在小学五年级的时候，我在电视上看到了酒井雄哉大师挑战"千日回峰行"（被称为日本史上最残酷的修行——译者注）的电视节目。从那一刻起，我下定了"总有一天我也要去挑战"的决心。就这样，到了23岁时，我参加"大峯千日回峰行"的活动。

　　所谓"大峯千日回峰行"是从金峯山寺藏王堂步行至位于24公里外的山上之岳山顶的大峯山寺本殿，在海拔1355米高的山路上步行往返48公里，持续行走1000天的修行活动。一年期间只有四个月为修行期，前后共需花费九年时间。

　　每天零点起床，怀揣两个大米饭团出发。即使是春天，到达山顶后，气温也在零摄氏度以下。吃一口清淡的斋饭后，顺着来路返回。在这四个月的时间里，我每天都必须忍受脚指头

276

磨破的伤痛以及身体不舒服或更痛苦的感觉。时不时还要忍受着能把我推向峡谷深渊的暴风雨的侵袭，以及防备熊和蛇的侵扰。偶尔，我也会在极限状态中产生幻觉。就这样，每天都要行走48公里。从一开始，我就发誓一定要坚持到底，如果做不到，我就不活了。所以，我随身携带一把短刀，不为防身，而是在判定自己再也走不动后用于切腹。就这样，在大峯山1300年历史中，我成为第二个圆满完成修行的人，那已是1999年的事情了。

圆满完成"千日回峰行"的人被称为"大阿阇梨"。在佛教的世界里，它虽然是地位很高的"头衔"，但并不是我的"终点"。

2500年前佛祖说过，"只要用相同热情，重复着相同事情，就有觉悟的可能。"但他说的不是要我们简单地重复相同的事情，而是让我们认识到坚持不懈努力和日积月累的重要性。

刚刚开始"千日回峰行"的时候，我全凭体力，用力蹬地向山顶冲刺。不久，脚就开始疼痛了。该如何是好呢？我一边思索着，一边继续前行。慢慢地我悟出了必须抱着敬仰大山的心情行走的道理。这种"轻松行路"的感觉是很难觉悟到的。只有那些敢于挑战严酷的"千日回峰行"，以平等的心态面对大山，兢兢业业不断努力积累经验的人，才能真正有所感悟。

我要把修行坚持到生命的最后一刻。"千日回峰行"是

1000 天的修行。在那之后的第二年，我又圆满地完成了持续九天的"不饮、不食、不卧、不眠"的"四不修行"。这些都是我人生必须经历的各种不同阶段。完成一种修行后，我就丢掉它，但那颗"小僧之心"我会永久保留下去。

在商海中，"总经理"头衔不过是过眼烟云。炫耀地位和权力，轻视和打压相关人士，都是愚蠢的行为。先行者应该用"父母般的目光"关心和照顾后来者，有时可以严厉一些，但不要忘记以慈悲心去对待。在严峻的情况下，更要严于律己，以身作则。只有这样，望着你的背影成长起来的人才会在不久的将来去继承你的意志。

在与经营学者菲利普·科特勒先生交谈时，他说："商业的本质是在了解自身满足的基础上，在持续变化的社会中，不断思考自己能带给人们什么好处，能持续提供什么帮助。"他的话不由得让我拍案叫绝。

作为行者，我的目标是让全世界的人都能心心相印。近期，我在纽约设立了活动据点，开始了各种各样的宗教和文化的交流活动。外语学习对我来说很辛苦，但我认为这也是修行的一种形式，我仍会以"小僧之心"去积极面对。

（选自 2017 年 9 月 4 日访谈录）

参考资料

　　盐沼亮润是日本宫城县仙台市福聚山慈眼寺的住持。"千日回峰行"是日本特有的一种修行方式，每天须在崇山峻岭中步行约 16 小时，往返于 48 公里的陡峭山路上并坚持 1000 天。奈良县金峯山寺 1300 年的历史中，目前只有两个人突破极限，成功完成这项修行。

088　人有"欲望"才能进化，才能活到老学到老

今泉忠明

动物学家

　　这里收藏的是雌鹿的头盖骨，从牙齿的磨损程度上看，应该在两三岁的模样。这只鹿大概是在冬季误入奥多摩的沼泽而死亡的。

　　人早晚都会变成白骨。与鹿不同，人容易产生欲望，总是想"我要做这个""还想要那个"，从出生到死亡都会不间断地扩大欲望范围，属于那种"遗憾生物"。

　　动物吃饱了就不再追求什么了，偶尔会四处寻找同伴求偶，只要繁殖期过去，一切又恢复了正常。储存的食物只限于自己食用。如果有了剩余，森林里的其他"消费者"会帮助处理掉，至少也会沦为细菌的食物。

　　人的欲望之所以会膨胀起来，就是因为对未来充满了恐惧和不安。我们很容易把动物的感情想象成与人类一样，其实不然。

　　例如，斑松鼠并不是因为对冬天的到来感到了危机才在秋

天就开始收集橡子的，而是因为白昼短了，本能地想这么做了。动物是面对"眼前"这个瞬间而活着的。

我也有"欲望"，这就是专注于自己喜欢的事情。受同为动物学家父亲的影响，我开始参与了生态调查，但我并没有专门学过动物学，也没有在大学所属的学会上发表过论文，而是在非传统领域开展了哺乳类动物的研究。

大学毕业时我没有四处求职，之后又为调查和拍摄日本山猫和日本水獭四处奔波，一次也没递交过申请入职履历表。生活中，我有过无处领薪水的日子，也有过被就职在大企业的朋友们嫌弃的时候，以及承接的项目受挫的经历。总之，我把一切精力都倾注到了研究中。

大学曾向我发出过邀请，但我都以"不适合当老师"为由拒绝了。我是经验主义者，所以我认为即便在山上摔倒了，从疼痛中获得的经验也是至关重要的。

我今年75岁了，迄今为止只收到过一份录用通知书，不过是从1987年开始在上野动物园担任了四年的动物讲解员而已。在那个时候，我学到了教育的重要性。我这个人有个毛病，一旦产生了"厌恶"的感觉，就导致对该领域关闭起来。儿子小的时候，常被小朋友说："你家里有骨头和标本，我们不想去你家。"

我们能从动物和昆虫身上学到数不尽的东西。虽然现在人们更关注的是生物仿生技术，但也一定不要忘记模仿它们的

"纯洁"和"不撒谎"的特点。在相互接触的过程中，如果能切实感受到"死亡"，这也是一种宝贵经验。

通过观察动物，我们更能加深对人的理解。即便缺少利爪和獠牙，但大大的白眼珠和直立的姿势是人类从太古时代就开始装备的"武器"。从来没有过如此会笑的动物，通过锻炼表情肌，人类增强了团结互助共同生存下去的能力。

不仅仅是孩子们，有时间大人也应该去有水有树的公园里散散步。通过观察鸟类的羽毛、被啃食过的果实以及动物粪便等，就会明白自己也是城市生态系统的一个组成部分，谦虚的心情也会油然而生。

人的欲望有时会带来不幸，但正因为有了欲望人类才能进化，才能活到老学到老，才能度过充实的每一天。去寻找你需要的那份"欲望"吧！

（选自 2019 年 2 月 11 日访谈录）

参考资料

今泉忠明，日本动物学家和作家。主要研究哺乳动物的分类学和生态学。毕业于东京水产大学（现东京海洋大学）。1967 年，担任国立科学博物馆研究员，1972 年担任富士自然动物园协会研究员。1999 年 6 月，在世界上首次成功在北海道佐吕别原野活捕了世界上最小的哺乳动物"北极猪"。

089　友情是最宝贵的财富之一，结交好朋友应不遗余力

赤松良子

元文部大臣

如今，在 20 多岁的年轻人中，越来越多的人认同了"女子应该走向社会"的观点。这真是太好了。

我 20 岁的时候，日本由于战败开始从军国主义转向民主主义，宪法中首次制定了男女平等的条款。国立大学的大门也是从二战后开始向女子敞开的。对于像我这样有野心的女子来说，这简直就是"千载难逢的好机会"。

当时，考入法学院的 800 名考生中，女性只有 4 人。1953 年，劳动省录用的国家公务员中，也只有两名女性。我与从事研究工作的丈夫结婚时，经过协商我选择保留了原来的姓氏，结果成了当时的新鲜事物，还被报纸广泛报道了。家务和育儿我们夫妇各做一半，我也有因工作需要多次单身赴外地工作的经历。

其实，并不是我本人有意识地选择了逆世界潮流而动，可以说，是赶上了滚滚向前的时代大潮。

那个年代，我吃尽了苦头。夹在上下级之间受尽了夹板气，养儿育女的辛苦几乎搞垮了我的身体。但是，能有机会与国内外的朋友们一起喝酒聊天吃美食，总能让我精神焕发，带上好心情继续前进。

所以，我想不起来到底是否遭遇过真正意义上的"失败与挫折"。勉强说有的话，就是在联合国雇员考试中遭受两次落榜的挫折吧。虽然受到了精神上的打击，但为了第三次挑战，我与 3 名男性朋友一起去英国人老师那里接受了英语培训。每次回家的路上大家能一起小酌一杯，反倒成为我最开心的事。有了好朋友，学习就更努力了。我终于通过了雇员考试，去美国赴任时已经 34 岁了。在美国我亲眼看到了美国人重视广泛交际的现状，从那时起，我也萌发了广交朋友，建立长久友情的念头。

建立深厚友情需要什么条件呢？女性首选的同性朋友应该是"才貌双全"的女人。一般来说，男性都误以为"女人的敌人是女人"，女性之间很难建立起真正的友谊。其实不然，虽然"讨厌同性"的女人大有人在，但在那些明了人情世故的女性之间，照样可以建立起深厚的友情，这样的女人也不在少数。我进入劳动省时，曾与女同事们在茶杯里倒满了清酒，一起热议过纯女性科室的光明未来。

结交男性朋友需要什么条件呢？我认为"交友就选读书人"，首选那些能讲出名著和电影名作的男人做朋友。在制定

《平等就业机会法》时，是我曾经的大学校友们给予我巨大支持。但与男性朋友一起喝酒，多少会有些危险。话又说回来了，一起喝酒确有不便，但如果与你喝酒的人一点男人魅力都没有，那也太扫兴了吧。话虽如此，但我还是讨厌变成那种男女关系。内心矛盾得很那！（笑）

迄今为止，在我们的社会里，男主外女主内，男女分工一直很明确。但这会导致男女双方都没实质的机会去感受对方的某些亮点，这让我感到很悲哀。今后，我希望在日本建立起一种友情不再分男女的和谐美好社会。

虽然我人生大部分时间都属于"少数派"，但多亏了朋友们的呵护，我才没有感到寂寞与孤独。友情毫无疑问是人生中最大的财富之一。要想结交到好朋友，就不能吝惜时间与精力。这就是即将迎来九十岁高龄的我对你们提出的忠告。

（选自 2019 年 5 月 20 日访谈录）

参考资料

赤松良子（女），1929 年 8 月 24 日生，东京大学法律系、政治系毕业。日本劳工官员，外交官和政治家，联合国儿童基金会日本协会会长。在担任劳动部妇女事务司司长期间，是制定《平等就业机会法》的核心人物。担任过细川政府和羽田政府两任内阁的文部大臣。

第八章

生存篇

090 日本是时候结束"不敢言"的时代了

山本卓真

日本富士通公司董事长

在一件事上我没能坚持自己的主张,至今我仍心有不甘。那是在 1987 年收购美国大型半导体制造厂商仙童公司(Fairchild)时发生的事情。由于美国议会强烈反对,本公司不得不放弃了收购计划。后来,仙童公司被法国企业网罗至麾下,难道这就符合了美国的国家利益吗?对此,我一直持怀疑态度。

另外,在 1990 年本公司参股英国电脑巨头 ICL 时,我曾坦率地表明了加强两家公司关系有利于日英两国的见解,达到了良好的效果。虽然 ICL 的经营管理队伍很优秀,但我认为,通过本公司参股,ICL 的事业肯定会进一步向深度和广度发展。

不仅在对外国企业的收购以及参股问题上,面对各种不同局面,我都特别注意要坦率地发言。因此,人们评论我"性格倔强""与众不同",这是事实。但我认为这种批评并不准确，也不会对我产生任何负面影响，我依旧我行我素，该主张的就主张，这种信念丝毫不会动摇。

在出任富士通公司出资的美国计算机制造商阿姆达尔公司的兼职董事时，我进一步体会到坚持自我主张的重要性。那时，如果我沉默不语，无论他们做出任何失败的决定，过后也不会有人埋怨我。但我是那种喜欢坚持自我主张的人，尽管不擅长打嘴仗，往往会陷入一个人的苦战，我还是会积极参与到激烈的争论中。

从中我学到了两条经验：一是不管"三七二十一"都要加入争论中，虽然，结果上自己的主张会被全盘否定，但我会把这种遗憾化为学习的动力，为再次挑战做好准备。另一个是对经营的方向性以及具体的战术，平时就应该养成上升至理论的高度上进行思考的习惯。

据说，人们把印度以西称为"自我主张文化圈"，缅甸以东称为"谦让文化圈"。在"自我主张文化圈"里生活的人们，如果不经常提出自己的主见，心中就会感到惶惶不安，所以他们通过激烈的争辩来提升自我主张的实战能力。但这部分人在与日本人争论时，由于从理论上进行周密思考的能力跟不上，发言往往欠缺逻辑性。

日本从有"古事记"记载的年代开始，就保持着"言多必失"的风土文化。我们是应该尊重传统，但对于像我们这样与不同文化接触较多的商务人士来说，也需要同时掌握另类不同的行动方式。必须学会简单明了、直截了当、慷慨激昂地提出自己的主见。今后，随着各国之间交往越来越频繁，带给我们自我主张的机会也就越来越多。

但是，我们不能像一部分美国律师那样，专爱颠倒是非，混淆黑白。我在日美之间超级计算机产生摩擦的时候，就曾指出了美国至今为止从来没买过一台日本产超级计算机的事实，呼吁了开展自由贸易的重要性。我们主张的内容必须实事求是，必须有利于双方的长期利益。如果是这种主张，就一定能获得各方的共鸣。

（选自 1995 年 1 月 9 日访谈录）

参考资料

日本富士通公司成立于 1935 年，是一家源自日本的综合跨国电子制造公司与资讯科技（ICT）服务公司。该公司主要产品为各类通信系统，信息处理系统与电子产品（半导体、超级计算机、个人电脑、服务器）及相关服务。

091　千万不可忽视日本的优秀文化

森英惠

时装设计师

截至今天，我加盟巴黎高级女装联合会刚好 20 年。在此期间，全球的社会和经济环境发生了巨大变化，时装设计界也无一例外，特别是近十年的变化更显著。

在此期间，路易威登和古驰等法国和意大利品牌也起用了许多美国的时装设计师，从追求优雅设计逐步转向简约、休闲的设计风格。随着经济加速发展，服装设计更趋向于实用化和休闲化。可以说，随着美国影响力的日益增强，时装设计也必然受到引领该时代的那些国家以及全球经济的强烈影响。

实际上，这种变化在 20 世纪 70 年代初也曾出现过，也许是受到了大规模学生运动的影响，吸收了牛仔裤和 T 恤衫等工作服要素的高级成衣得到了迅速发展，而以量体裁衣为主的高级定制服装反而陷入了困境。我之所以能够参与曾经以设计引领世界时尚潮流的高档服装的设计工作，与那种时代背景不能说没有关系。

为了让被欧洲传统束缚的高档定制服装业起死回生，就需要从全球招募那些具有新文化思想的设计师参与，我应该就是他们需求的那种融合了东西方文化设计理念的人才吧。虽然欧洲被认为是封闭的，但它在重视传统的同时，也充分具备接受世界优秀文化和创意的灵活性。

尽管如此，自从我成为高级女装联合会的正式会员后，最初的那几年工作很辛苦。当时，在他们的印象中，我的到来"不是为了盗窃法国的设计，就是为了抢购大宗商品"。我不得不忍受那些看不起日本人，特别是轻视日本女人的白眼和讽刺性语言。裁剪面料时，甚至连清扫卫生的大叔都进入工作室来瞧瞧，用那种异样的眼神盯着我看。

为此，我决定做事不张扬，先把有日本特色的东西融入到我的设计中去，专门采用了以白色和黑色为主体的"古朴"基调。法式时装设计的基本在于"形"，而日本男女老少的和服形状基本相同，不同的是颜色和图案。我去了法国之后，才真正认识日本，才有意识地开始对日本的研究。结果我得到了巴黎时装界的认可，从此"Hanae·Mori"名声大噪。

从那以后，我开始逐渐采用法式手法设计制作，甚至有人说："Hanae·Mori 制作的服装比法国人更法国化。"开始时，我还以为是夸我，后来才明白那是在讽刺我，是说"你到底是哪国人"的意思。也许他们说得对，我确实渐渐忘记了自己是日本人。但我深知，正是由于我有日本文化作背景，所以森英惠才能获得如此高的评价。

最近，我可以灵活运用法式手法设计了，那是我自信心暴增的表现，也是因为我没有迷失作为日本人的自己。

(选自 1998 年 5 月 8 日访谈录)

参考资料

森英惠，英文名"Hanae·Mori"，1926 年 1 月 8 日生，巴黎高级时装设计师。森英惠拥有自己品牌的日装、晚装和高级成衣系列，同时还客串为歌剧、电影设计服装。1996 年由法国时装公会组织的世界时装设计名师排序活动中，她的名字荣登榜首。

092 以日本人为中心的经营模式缺乏竞争力

立石信雄

日本欧姆龙公司董事长

如果问我当前哪些问题对日本企业至关重要，我会说"多样性"的问题最重要。

这个词语包括了各种不同的含义。一是今天的企业不仅要雇用日本人，同时也要积极录用美国人和中国人等外国人为公司雇员，让他们在公司里发挥积极作用，实现公司内的国际化。

现在，日本企业中绝大多数雇员是日本人，有人会说这是理所当然的。但从欧美企业的常识来看，这也未必是理所当然的事情。尤其是在美国企业里，在英国人的领导下，德裔美国人、中国人和华裔美国人等不同国家和不同民族的人聚集在一起工作的情况，并不少见。

这已成为增强美国企业国际竞争力的重要源泉，超越了我们的想象。今后若想在国际竞争中取胜，就必须通过开发独创产品和独具特色的商业模式，去国外挖掘出新的需求。所以只有那些在公司内实现了高度国际化的企业，才有可能在这方面做得更好。

我认为，需求不过是一个国家或一个地区的文化、历史和习俗等的具体表现。所以，若想充分挖掘出这种需求，就不能缺少来自出生和成长在那个国家和那个地区人的构思和经验。很遗憾，以日本人为主体的日本企业，在这一点上落后得太多了。

我下面说的这番话或许有点自吹自擂。本公司利用在荷兰建立的研发中心，把部分在日本成功研发的产品改造成适合欧洲市场的产品，在美国和亚洲也同样建立了研发中心。具体来说，我们在国外拥有 73 家企业，约 8500 名员工，其中日本籍雇员仅百人左右。大约 10 年前，外国员工在本公司内所占比例就开始逐年提升。今后，本公司仍将会持续不断地推进公司内国际化。

"多样性"的另一层含义是，以各种各样的形式充分灵活地使用好这些具有不同价值观和多种才能的人才。

我切实地感受到，现代日本人的意识正发生着巨大改变。以前，那些在大企业工作的人几乎都愿意待在一家企业里工作一辈子。但在现代年轻人中，保留这种想法的人只占少数了，大多数年轻人希望利用企业提高自身价值，以此为跳板实现自立甚至跳槽。

把全体员工都作为企业的未来人才同等对待，同样培养，这种现有模式的人事制度，不可能充分发挥出年轻人的才华。从现在起，我们应该试着建立起一种新的人事制度，在雇用那些在其他企业里锻炼成长起来的、有过离职经历的人才上，采取更灵活多变的策略。今后，那种除了公司董事以外的所有员工到了 60 岁必须退休的制度，恐怕将不复存在了。

企业员工的意识发生了变化，逐步摆脱了企业中心主义思想的束缚。同样，日本企业也必须放弃以前那种偏重于以员工为主体的企业中心主义的经营模式。

（选自 1998 年 6 月 8 日访谈录）

参考资料

日本欧姆龙公司成立于 1933 年。经营的产品多达几十万种，涉及工业自动化控制系统、电子元器件、汽车电子、社会系统以及健康医疗设备等广泛领域。

093　敢于面对风险

伊藤助成

日本生命保险公司董事长

如今的社会危机四伏，照此下去，我们的社会以及我们的生活都将举步维艰。一方面是因为我们的社会正处于历史性的转折期。比如，摆在我们面前的老龄化问题。在未来的 25 年里，日本将以人类从未有过的速度和规模迎来老龄化时代。

另一方面是因为今天的日本全都沉浸在悲观的情绪中。虽说战后的时代已经结束，但我仍然觉得日本对战后的清算却迫在眉睫。由于日本在战后取得了巨大成功，日本人对成功的印象太过深刻，所以对发生的一切问题都尽可能地往后拖延解决。但时至今日，我们已经到了无法再继续拖下去的地步。从这种意义上说，我们被迫迎来了对战后清算的最终局面。

在世界史上，人类也面临着一次重大转折。20 世纪初，世界人口只有 15 亿—16 亿，如今已高达 60 亿。人口爆炸性增长、科学技术发展以及环境变化等问题，都迫使人类向新模式转变。

随着危机的不断扩大，一部分人开始躲在角落里缩成一团等待着风暴的刮过。由于惧怕风险，于是他们就把该解决的难题一拖再拖，这就是造成今日困境的根本原因。要想重建日本社会，大家就必须敢于正视风险，共同携手渡过危机。

但是，在年轻人和工薪阶层中，他们对自己的公司和国家的自豪感以及自信心正在迅速消失。特别是在近一两年的时间里，自信心削减得非常严重。究其原因，一方面是未来的不确定性，另一方面是沉湎于和平中，失去了抗击风险的勇气。战后持续 50 年繁荣的结果，造成了人们对某些事物失去了新鲜感，丧失了激情。

但是，在这前途渺茫的时代里，我们每个人都不得不被迫去选择如何面对生活，面对公司，面对社会以及面对国家。像以往那样，只要与国家或公司保持高度一致就能保证富足生活的时代已经一去不复返了。因此，我们必须做好选择自我人生、企业经营以及国家命运的心理准备。若要做出明智选择，就必须甘愿承担相应的风险。

在今后的十年里，我认为日本仍然会是一个很棒的国家。核心一代正值壮年，而他们的下一代也将陆续投身到这支劳动力大军中。这批拥有巨大能量的人群，具有世界上数一数二的超高生产力水平以及超高教育水准。如果能充分利用好未来的十年时间，完全可以建成一个物质丰富和极具活力的老龄化社会。再过三五十年，亚洲各国也将迎来老龄化社会。日本实现了一个美好的老龄化社会，也能成为世界各国的典范，也是对国际社会的巨大贡献吧。

今天，我们迎来的是历史上规模最大和速度最快的转折期，任务紧迫，时不我待。如果我们现在就着手改革的话，还是有能力做到的，但问题是迄今为止我们什么也没有做，这就是日本的现状。能改变这种现状的只有今天的年轻人。我希望今天的年轻人能负起责任并鼓起勇气去抗击风险。

"风险"一词源于意大利语，是"鼓起勇气去尝试"的意思。风险和对未来的期待代表着黑暗与光明，它们是一对冤家，比邻而居。让我们共同去抗击风险吧！

（选自 1999 年 1 月 25 日访谈录）

参考资料

日本生命保险公司成立于 1889 年，是日本最大的人寿保险公司，同时也是日本最大的养老金发放管理机构。日本生命保险不仅在日本家喻户晓，同时也享誉世界。

094 比提高语言能力更重要的是先学会做日本人

兼高薫

横滨偶人之家馆长、旅行记者

《兼高薫世界之旅》的电视节目，从 1959 年一直播放到 1990 年，持续播放了 30 多年。在此期间，我到访过六十多个国家，不仅去过欧美等发达国家，也曾手中拿着一根木棒拨开杂草丛生的灌木林，深入到非洲的偏远地区。经常有人问我，"应对各种不同的民族与文化很难吧?"但我从未有过这种感觉。

与人交往时，一定要讲礼貌。只要礼数周全，无论去哪个国家，会见地位多么尊贵的宾客，都无须自卑或胆怯。

礼数周到是指己方谦让一步，不给对方带去不愉快的感觉。我基本上都能遵循受访国的礼仪，如果不了解这方面的情况，就采用欧美国家的礼仪形式。如果还不清楚的话，使用日本的礼仪也足以应对。因为日本也有非常好的传统礼仪，如尊重长辈和鞠躬致意等美德，也值得向世界夸耀。

但是，最近不懂礼仪的年轻人不断增多，实在可悲可叹。

前几天，我看了一档电视节目，说的是某些文化人和艺术家回访自己的母校向晚辈授课的内容。但令人吃惊的是，当前辈们走进教室后，同学们竟坐在自己的座位上没有起立。在迎接客人时，起立致敬是必需的。另外，我最看不惯的是，有些女性以自己手头忙为借口不起身，反而交叉着双腿，摆出一副瞧不起人的模样。可以说，之所以变得如此，主要是没有什么人告诉他们这样做是很失礼的事情。如果在孩提时代接受过严格的礼仪教育，长大之后就会自然而然地展露出良好的教养。

判断国际性人才的标准，不是看英语讲得好不好，了解外国的情况多不多，我认为首先要以自己是日本人为前提，了解日本的文化和历史，讲出正确的日本语，培养和掌握与此相关的审美意识、教养以及礼仪等，这才是真正意义上的国际人才。最近我察觉到，有些人掌握了错误的知识，还自以为很了解国外的情况，这种自以为是的人越来越多。此外，在日语中奇怪的片假名用语过于泛滥，搅乱了美丽的日本语，太令人伤悲。

二战结束后，日本商人与外国人聚会的机会多了起来，我曾在这种场合当过翻译。当时的经济界人士几乎都是明治时代出生的日本人，他们在宴会上表现得大方得体。听他们的英语会话，你会觉得他们的英语发音、语法、单词都很到位，完全达到了不需要翻译的程度。

现在，去参加外国大使馆举办的招待会，经常看到的是受邀的日本人聚在一起的情景。聚会应该是互相加深了解的场合，所以应该主动上前搭话才对。我觉得，做不到这一点，与其说是对自己的语言能力缺乏自信心，倒不如说是自己脑袋里没装多少可以交流的谈话内容。因此，首先对自己是日本人应该感到骄傲和自信，其次才是语言能力上的问题。

(选自 1999 年 1 月 29 日访谈录)

参考资料

兼高薰，女，1928 年 2 月生，2019 年 1 月去世。著名的旅游作家、导演、制片人，日本旅游作家协会名誉会长。她主持的覆盖全球 160 个国家的电视节目《兼高薰世界之旅》，从 1959 年 12 月 13 日节目开播，到 1990 年 9 月 30 日节目结束，总计播出了 30 年零 10 个月，播出次数为 1586 次。整个行程为 721 万公里，可绕地球 180 圈。该栏目每周日在日本 TBS 电视台早晨的黄金档期播放，深受广大日本人的喜爱。

095　日本人是时候拿出藐视困难的气概了

马场彰

日本恩瓦德公司董事长

大作家吉川英治用下面这段精辟的结束语完成了历史小说《宫本武藏》的写作。

"世事无常风波不断。每个人都如同置身于大海的波涛之中，有些人能像善于游弋的鱼虾一样随波逐流，时而在风波前起舞，时而在浪尖上嬉戏。只是，鱼虾岂知大海广阔何止千里，而百尺之下海魂更无法揣摩和触及。"

写完了宫本武藏与佐佐木小次郎二人在严流岛对决的篇章后，本书迎来大结局。在书中的结尾部分吉川英治送上了这段临别赠言，我认为它对于目前混乱至极的时代也具有特殊意义。对于这段话的含义，我的理解是这样的。无论是经济形势，还是个人运势，都会遇到好的时光或黑暗的时刻，正应了"世事无常，风波不断"这句话。此时此刻，绝大部分人都会随波逐流，在沉浮中有喜有忧。但如果我们知道了汹涌的波涛下面的水流依旧是平缓、有规律地涌动着，我们的心自然会沉静，行动也必然会安稳。

我对小泉纯一郎首相推行的结构改革，总体上是赞同的。可是，当我听到某些人抱怨为什么偏偏是自己必须承受这种痛苦的反应时，我对这些人还是有看法的。我仿佛看到的是那些在"风波"面前东躲西藏、自甘堕落的日本人的身影，我只能替他们感到悲哀。我哀叹今天的日本人不知从何时起已经丧失了民族大义。我们可以从战后的废墟中奇迹般地实现日本的复兴，但用丰富的物质生活换来的却是丧失了敢于面对困难的勇气。

说到底，这部分人脑袋里装的只有个人得失。其实，如果我们心里能想到只要再坚持一下就一定能为肩负日本未来的下一代留下点什么，面对再多的困难我们也一定会顽强地忍耐下去。无论是国家、企业或是个人，只要具备了这种"为下一代幸福而活着"的潜在意识，他们就绝不会因水面上起伏的波澜而不知所措。

现在，我还担任日本大相扑元横纲若乃花后援会的会长一职。

若乃花的现役时期，身高与我相差无几，体重只有 130 公斤左右。他用矮小的身体抗衡了远比自己高大的相扑力士们。我刚刚参加后援会时，他还只是一位等级不高的十两级别的相扑手。那时，我甚至想过，"像他这种条件的人最高也就能升至大关一级吧。"他之所以能成为横纲级别的大力士，正是刻苦训练的结果。那种超常的练习量可不是一般人所能承受的。

在引退前不久的那场全国巡回赛（赛程是 15 天，比赛 15 场——译者注）的最后一场比赛前，若乃花的比赛成绩是七胜七负，按照日本相扑界不成文的规定，"在十五天的比赛中，横纲级选手的参赛成绩负场不能多于胜场。"因此，按常理他不应该参加最后一场比赛，应该立即宣布休赛。然而，若乃花却违反常理，最后一天仍然坚持走上了赛场，最终输掉了那个赛季。鉴于这种情况，横纲审议委员会的成员发表谈话，批评他"丢了横纲的面子"。其实，我认为应该表彰他敢于参赛的行为，并高度评价他那种不逃避困难的勇敢精神。

我是在 1974 年就任总经理的，当时的日本正处在第一次石油危机中。一般人会因"危难之际心存畏惧而不敢接受如此重任"，但我在危难面前想到的却是"对我来说这反倒是一次意义非凡的挑战"。我觉得，只要拥有了气概、见识和勇气这三点，自然就能找到解决问题的办法。

在当今的服装行业中，像"优衣库"这种廉价连锁服装店席卷了整个服装市场，面对这种不利局面，我一直坚持对自己的员工说："你们只要把它当成眼前发生了一件非常有趣的事情即可。无须气馁，继续干好自己的本职工作就行。"毕竟我们是置身于"世事无常，风波不断"的时代里。

（选自 2001 年 10 月 1 日访谈录）

参考资料

2007 年 3 月，日本恩瓦德（Onward）樫山公司更名为日本恩瓦德集团。该公司是日本服饰零售巨头，旗下拥有包括女性服装品牌"23 区"在内的多个品牌，还经营着西装品牌"五大陆"等，门店遍布全国各地的百货店和购物中心等。

096　不了解"最惨事态"的人不配谈论悲观论

堀场雅夫

日本堀场制作所董事长

　　最近，日本被一种怪异的气氛笼罩着，这是一种把悲观论挂在嘴上就会被认为是理智的风潮。如果任何事情都把最惨的那一面拿出来说，就容易让人们陷入痛苦的绝望之中。二战结束时，我还在上大学。1945 年，我创办了堀场无线电研究所。原本我希望以物理学家的身份扬名立万，但受美国政策的影响，我无法开展科学实验研究。这种被逼无奈的状态是许多日本人从未经历过的"最惨事态"，所以更容易让人产生悲观情绪而走向极端。

　　人只有在以下两种情况下才有可能真正陷入恐慌中，一种是没饭吃的时候，另一种是生命处在危险状态中。袜子破了是不会让人感到恐慌的。

　　我觉得，如今的创业者一是可怜，二是娇气。我创业的时候，是名副其实的"车库产业"，在车库里堆满了柑橘箱，就开始了创业。如果换成今天，以当时的那种风格去大企业推销，恐怕连大门都进不去，刚到前台就会被轰出来吧。此外，为了创业还需装装样子，多少也要花些梳妆打扮的着装费。

另外，如今对风险企业的援助体系也十分健全，我们那个年代是根本无法相比的。国家和地方公共团体都建立了融资制度，简直做到了无微不至的关怀。但是，如果尿布接触皮肤的感觉太好了，婴儿就不会为尿湿而哭闹，这样也许到了两岁以后小孩子还不会自己小便吧。为创业设立的孵化器固然重要，但如果过于娇惯，创业者就不会增强自身的免疫力，早晚会"死掉"。

我常被邀请参加风险投资孵化机构召开的各种会议，与会者半数以上都是学者或政府机构的官员，真正有过风险投资经历的也只有我这样的人，还寥寥无几。虽说做企业需要有百折不挠的精神，但真正留给你的失败机会或许只有一次，素有"一局定胜负"的恐怖说法。因此，应该在了解这种恐怖状况的基础上，认真研究和制定对企业的孵化方案。与其相比，我觉得银行在这方面更靠不住。一般来说，银行大都是在官方主导下开展经营的，如果让他们负起这方面的责任，他们肯定会感到困惑，不愿意参与。即便是那些被批评系统统合不完备的银行，其实际经营者的官僚作风也非常严重。本应由行长负起的责任，在内部最多也就能追至科长的身上。总之，日本还是上面说了算的领导体系。所以，今天的日本政治、政府和银行全都靠不住了。如果从现在起它们能真正地动起来，我觉得解决上述问题纯属小事一桩。

我经常讲"狮子与小路"的故事。在一条小路上，10 个人被狮子追上后，其中 3 人被吃掉了。那么，剩下的 7 人还会继续逃跑吗？我想他们不会再跑了，会合力开始反击。日本即便不发生革命，如果在经济上被新兴国家追赶上，感到巨大危机时，也会产生这种反弹作用。

为了让日本的企业重新振作起来，首先应该让 60 岁以上的人全都退出公司。这样做的话，我保证一年之内公司平均股价就会翻倍。最好能把所有经营部门的领导工作都交给 40 多岁的年富力强的人去做。公司一把手顶多干到花甲之年。我就是在 53 岁那年辞去总经理一职的。

但是，另一方面我希望这些银发老者不要赋闲在家，应该充分发挥剩余的人生价值，利用丰富的企业管理知识和经验，积极协助年轻人开展创业活动。我希望你们能把自己人生的宝贵经验毫无保留地传授给年轻的创业者。你们不必讲大道理，只要能亲口告诉他，"这件事你只要照我说的去做就行"。这就是真正意义上的教育。

（选自 2002 年 5 月 27 日访谈录）

参考资料

日本堀场制作所成立于 1953 年，是世界知名的大型分析和测量仪器制造企业。该公司主要生产和销售汽车排放测量系统、环境测量仪器、种类齐全的科学分析仪、医疗诊断分析仪和半导体行业使用的测量设备等。

堀场雅夫1924年生，堀场制作所创始人。2006年，荣获分析化学界最高的匹兹堡遗风奖（PITTCON Heritage Award），是第一位获得该奖项的非美籍人士。

097　竞争激烈也不能忽视"和谐社会"的存在

堀田力

律师、日本福利财团理事长

　　抱着把日本建设成重视个性和尊重个人隐私的"新和谐社会"的理想，我从十年前就开始了推广志愿者活动。活动的主要内容包括：协助 NPO（非营利组织）开展组织建设，向它们提供包括研修在内的各种援助和研修活动；以学校和企业为对象，鼓励学生和上班族积极参与各种志愿者活动。

　　我产生了辞去检察官工作从事上述活动的想法，是从 20世纪 70 年代前期，我被法务省外派到外务省担任驻美大使馆工作人员时开始的。

　　我带上还未上小学的孩子们去美国赴任，他们当然不会讲英语。去之前，我担心他们会受到周围孩子的欺凌，但那不过是杞人忧天罢了。美国邻居们让我义务教授该地区的孩子们踢足球，于是，我很快就融入了当地社会。

　　但是，在结束舒服的美国生活回到日本后，我那只会讲英语的孩子们反倒开始遭受欺凌了。从那时起，我就产生了这种想法，即"孩子缺少教养是因为家长缺乏教养，这个问题必须得到彻底解决"。

我认为，造成这种局面的背景是整个日本都充斥着经济优先的错误价值观。虽然我回国时日本的高速增长期已经结束，但那种做事不能不赚钱的错误观念还在持续蔓延。那时，没有人愿意出手帮助残疾人，小孩子之间争吵打架司空见惯，邻里根本谈不上相互帮助。一言以蔽之，那就是一个"冷冰冰的社会"。

美国当然是一个竞争激烈的社会，但人们居家生活的区域却被创建成一个十分温暖的社区。企业不是因为效益好才受到尊重，像洛克菲勒和福特这样的大公司都纷纷成立财团，为社会大量捐款。从某种意义上说，捐款是它们进入社区开展业务活动的参与费。

当然，日本也有开展捐款的企业。很多情况下，它们捐赠的数额只占其收益的很小部分。在美国捐款被视为一种社会义务，与其相比，在日本人们对捐款的看法截然不同。

当前，日本社会也逐步开始朝美国转变。我觉得，以我回国的时期为分水岭，日本已经开始从靠出售物美价廉的商品赚钱的意识中逐步摆脱出来。可以说，消费者对那些不能为社区做贡献的企业，评价越来越低了。学生的择业观也发生了变化，以前那些工资待遇好、没有倒闭风险的企业不再是吸引优秀人才的最佳去处。

　　大学生和消费者关注的是企业对社会的贡献度。因此，企业领导人应该充分认识到，不愿意对社会做贡献，只一味地追求利润的话，企业早晚会在激烈的竞争中被淘汰出局。

　　最后，我想向那些有正式职业的人介绍一种可以轻松参与的志愿者活动。这就是积极参与捐款活动，这种行为绝不会低于你提供劳动力的意义。比如说，如果你捐出 1 万日元，这笔钱就可以被用作请其他人提供服务的资金。开展志愿者活动，不仅需要花费通信费和交通费，还需要支付办公地点的房租等。没有活动经费，志愿者也无法开展活动。捐款 1 万日元就相当于做了 1 万日元的志愿者活动。

（选自 2002 年 10 月 28 日访谈录）

参考资料

　　日本福利财团成立于 1991 年，是日本非营利性公益组织。该财团理事长堀田力生于 1934 年 4 月，职业律师。历任日本法务省官房人事科科长、地方检察厅检察官、法务省秘书长、法律事务所所长等职。

098 赤字侵蚀企业精神，私利腐蚀日本人心

山本元

日本旭化成控股公司常任顾问

我经常想，这个时代变得太让人琢磨不透了。

旭化成公司为了协助解决地球变暖的问题，正在开展减少日常生活中 CO_2（二氧化碳）排放的运动。其中的一个环节是，我们向社会建议让孩子们把家庭中的电力、煤气和汽油的消耗量报告给学校，把这些肉眼看不到的 CO_2 换算成"可视化"的 CO_2，希望让家庭和学校以做游戏的感觉参与环保工作。

但是，由于担心个人信息被泄露，在家长之间产生了不小的争议，他们担心" CO_2 产生多的家庭孩子会遭受校园欺凌""CO_2 产生少的家庭会被讥讽为穷人"。在教师中，不愿意参与这种麻烦事的人也不在少数。

从战败到今天已经过了 60 年，如今的世风每况愈下，我惊讶地看到麦克阿瑟留下的自由主义和个人主义在不知不觉中发生了质的变化，蜕变成不负责任和不履行义务的利己主义。

一切都是为了满足个人私欲，那种各尽所能，为社会尽一份力的风气早已荡然无存。

活力门事件、抗震强度造假事件以及串谋围标等丑闻屡禁不止，公司高管以及创业者优先考虑自身利益，完全丧失了企业家的使命感和道德观。在这种情况下，不仅加强对孩子们的教育十分必要，对父母开展"双亲学"教育也变得重要起来。

最近，以电信诈骗为首的瞄准社会弱势群体的犯罪层出不穷，背景就是精神颓废。把它提到精神颓废的高度，听上去有点儿夸张了，但现实中，这种苗头早已在企业里有所显露。我在担任总经理期间，接连出售了那些亏本项目以及在旭化成公司中虽还能产生利润但已没有发展前途的业务，为此颇受争议。他们说这样会破坏企业员工赖以生存的基础，所以这些事情办起来并不轻松。

那时，各种骂声不绝于耳，我听到的最多的话是"你想否定宫崎先生（被称为"中兴之祖"，担任了长达24年总经理的宫崎辉先生，已故——译者注）吗"以及"失去创业精神也无动于衷吗"。

在清理整顿期间，一个又一个熟悉的面孔浮现在我的眼前，让我彻夜难眠。我之所以这么做，一切都是为了那些在赤字项目中苦苦挣扎的员工着想。

因为，我们搞企业的目的就是"通过为顾客创造价值而提高自身利益，为社会做贡献"。如果丧失了这种感觉，企业也就失去了存在的意义。

我做过一个调查，在赤字持续发生期间，仅以交际费的使用为例，就基本上失去了监管，变得杂乱无章。以前，在赚钱时为了更高的目标大家可以心往一处想，劲儿往一处使。与那个时代相比，如今的他们心中只剩下了"以前是我们养活了企业"的消极情绪。

撤销项目或出售业务是头等大事，需由公司高层领导人做出最终决断。一旦错失良机，结果就是二战期间日本最后珍藏的那艘徒有其表、中看不中用的战舰"大和号"的可悲下场。

自己任期内不解决，留给下一任领导人处理，对我来说当然担子就轻了，但这不符合我的性格。我内心一直憧憬着德川幕府末期的那些改革的先驱，他们为了国家的未来采取的毫不利己、舍生忘死的果敢行动一直激励着我。最近，我出版了名为《迷失方向可求教于历史》一书，出发点正是基于这种理念。

(选自 2006 年 5 月 8 日访谈录)

参考资料

日本旭化成控股公司成立于 1931 年，是日本一家大型综合性化学企业。经营范围包括石油化工、塑料、建材、住宅、纤维和纺织品、医药等。该公司的膜技术世界领先，推出了中空纤维超滤及微滤等优良产品，多用于环保、节能和保健等领域。

099 通过植树兴业开展智慧型环保工作

冈田卓也

日本永旺公司名誉董事长、日本永旺环保财团理事长

今年是永旺环保财团成立的第 21 个年头。与成立之初相比，过去的 20 年里，人们的环保意识发生了巨大改变。

特别是中国的改变比日本更显著。我们财团从 1998 年开始，在万里长城周边开展了植树造林活动。最初计划植树 3 万棵，并向当地人转达了希望从他们手中购买树苗的消息。于是，中方一口气就种植了大约 70 万株树苗。植树活动有效地支持了当地的经济活动。

至此，从日本陆续来了 9600 人次的志愿者，累计植树超过了 100 万棵。随着这项活动的深入，中国政府也捕捉住植树造林的商机，把它当成一种产业，大力开展了植树造林活动。粗略估算，如今在万里长城周边应该种下了 1 亿棵以上的树木。

这不单纯是在种树，通过植树造林还孕育了新兴产业，同时，也极大地提高了人们对环境保护的意识，我为此感到喜悦与自豪。

今后，我们还将集中精力致力于太阳能发电系统的普及和推广工作。在环保先进国德国，政府通过为人员聚集的教堂引进太阳能发电系统，提高了国民的环保意识。

我从中获得了启发，自 2000 年就开始向日本国内的中学捐赠太阳能发电系统。今后，我还打算在东南亚开展该项活动，通过在人员聚集的公共场合设置太阳能发电系统，提高当地人士的环保意识，同时希望能顺便把日本生产的与太阳能发电相关的产品销往该地。

我觉得，只是单纯地开展为环保而环保的工作，还远远不够。通过振兴产业，在公共设施周围推广环保对策，对提高环保意识可能更重要。今后，我愿意发挥出自己的聪明才智，将环保运动持续有效地开展下去。

当然，对于震灾后经济处于低迷中的日本来说，只有发挥出自身的聪明才智才是自我救赎的唯一出路。

今非昔比。例如，1973 年第一次石油危机中发生过与本次地震后消费者囤积商品的相同情况。当时纸张匮乏，据说在大阪市的商场里，只要是看到了白色的东西到货，大家就会蜂拥而上一抢而空。

由于商品供货不足，当时的通商产业省负责该方面工作的科长提出了一个十分有趣的对策。某天，在商店全部打烊后，他把卫生纸集中投放到我们的永旺超市以及大荣超市、日一超市、和泉屋超市等连锁店里。有些卫生纸是从造纸厂直接运来的，有些是从其他店铺调过来的，一夜之间就把卫生纸堆到了天花板的高度。

果然，第二天到店的客人大吃一惊，他们眼前都是堆积如山的之前已经断了货的卫生纸。没有人与钱过不去，一旦发现商品不断货就再也没人抢购了。就这样，一传十，十传百，大家听说卫生纸存量丰富，囤积风也就到此打住了。这才是真正聪明的应对策略。

可是，在发生本次抢购事件期间，不知道为什么他们不采取类似的应对策略呢？前面不是已经有过很好的解决模式了吗？

动脑筋想办法，用智慧突破困难局面。它不仅适用于环保事业，今天的日本更需要这种模式。

（选自 2004 年 8 月 2 日访谈录）

参考资料

日本永旺控股公司成立于 1989 年，是亚洲最大的零售商。该公司的历史最早可追溯到 1758 年成立的篠原屋。2001 年，公司更名为永旺公司。

100 "男人负责赚钱养家模式" 会导致日本企业走向衰落

上野千鹤子

日本 WAN 协会理事长

"日本式雇佣是磐石规制"（意为难以撼动的由政府与既得利益集团实施的规制——译者注），请把这句话清楚地写进去。女性不能在企业中有所作为，就是日本的用工模式造成了从组织和制度上排斥女性的后果。这属于"间接性歧视"，因为无论哪家企业的规章制度中都没有明确写有"排斥女性"的条款。

当某一制度明显有利于或不利于男性或女性中的某一群体时，就被视为"性别歧视"。但日本的雇佣制度明显偏向"男人负责赚钱养家模式"，表现在男主外，负责挣钱养家，是一家的主心骨；女主内，负责操持家务和养育儿女。迄今为止，这种模式没有丝毫的变化。因此，面对这种雇佣文化，以与男性相同的条件招收女性入职，我想任何女性都会对这种工作环境感到困惑和不适。虽然日本制定了《男女就业机会均等法》以及《促进女性积极就业法》，但由于没有相应配套的惩治措施，这种法律就如同虚设。

"男人负责赚钱养家"是日本经济高度发展时期形成的一种雇用模式，但时至今日，日本社会仍然沿用这种陈旧模式。很多研究表明，它就是一种阻碍推广多样性的"癌症"。

而且，事实证明已经推广了多样性的企业都在赢利。但是，为什么日本就不能摆脱这种"男人负责赚钱养家"的雇佣模式呢?

川口章在他的著作《性别经济差距》中，将性别歧视型企业与性别平等型企业进行了对比，显示出平等型企业比歧视型企业经济效益更高。按理说，经营者都应该愿意让自己的企业向经济合理性更高的方式转变，但日本的情况却截然相反。为什么情况会这样呢? 就是因为即使这种性别歧视的现象存在，但在组织制度上却根本显现不出来，表面上显示的是男女平等。山口一男在《工作方式的男女不平等》一书中，将其称为"劣等平等"，虽然是低等级的平等，但也是平等。所以，它们是不会被轻易改变的。

这种所谓平等体制造成了人事制度上的论资排辈，其源头就是日本应届毕业生的统一录用考试，日本企业对此也万般无奈，欲罢不能。最近，日本经团联决定改变偏重于应届毕业生一次性录用的惯例，但如果打破这种平衡，势必会引起人事制度上的人才评价考核机制的连锁反应，需要一并进行改革。我无法想象他们胆敢做出如此大手笔的动作。所以，我一直对那些强调推广多样性的企业说，"只要你们不放弃应届毕业生的一次性录用考试，我就不会认同你们在这个问题上态度是认真的。"

日本企业就是军队组织的翻版，从体系上就排除了那些不符合"男人负责赚钱养家"模式的人群，骨子里是歧视性的，但表面看上去很平等。所以，企业内部很难产生要求改革的动机。

今后，日本企业仍将继续作为性别歧视型企业生存下去，我觉得它们的前途一片渺茫。因为未来它们要与不断增多的平等型外资企业在商品、劳动和金融三个市场上，展开全球性的殊死竞争。

在组织中推广多样性的企业，一定能开发出多种适合消费者嗜好的商品，也能大张旗鼓地公开宣传自己的工作环境有多么优越，借此吸引更多的优秀人才。这样做的结果，企业经营就会一路高歌猛进，势必会吸引更多的投资者。反过来说，如果日本企业因循守旧不思改革的话，未来在上述三个市场上的竞争几乎毫无胜算可言。

日本这艘巨轮已开始沉没。所以，如果企业的主要经营者以及中层以上的男性管理人员不能立即转变现有思维方式，这艘巨轮势必会继续下沉下去，日本也将永无翻身之日。

（选自 2000 年 7 月 2 日访谈录）

参考资料

上野千鹤子，女，1948 年生。从青年时代起，就不断批评日本男性主义，是著名的女性主义学者。现任东京大学人文社会系教授。

译者后记

"以史为鉴，可以知兴替；以人为鉴，可以明得失。"日本遭遇的两次经济危机给日本企业带去的痛苦教训以及从危机的泥潭中逐渐解脱出来的成功经验，对我国的企业很有参考和借鉴的价值。日本于 1973 年发生了第一次经济危机"石油危机"，第二次经济危机是 1980 年开始的"泡沫经济危机"与 1985 年日美签订"广场协议"后日本发生的"失去的十年"。在这两次危机面前，日本的企业碰到了发展的瓶颈，它们前途迷茫，员工人心涣散，企业大批倒闭。这些情况都与当前中国民营企业面临的困难现状有异曲同工之处。面对危难，有些日本企业快速走出困境，又继续发展壮大了，有些企业却在危机面前迷失了方向，被吞噬掉了。

本书收录了 100 篇以日本经济界知名人士为主以及文艺、体育、法律、外交等各界知名人士的访谈录，共有八个篇章（领袖、经营、育人、组织、创新、活法、人生和生存），时间跨度从 1982 年至 2019 年，长达 37 年，全面讲述了从 1945 年日本战败后至 2019 年长达 70 多年的日本企业兴衰沉浮的历史。

"古为今用，洋为中用。"尽管中日两国制度不同，但日本民营企业的成功经验与失败教训，就是一面历史明镜，为我国的民营企业乃至国营企业克服当前危机，渡过眼前难关，提供了宝贵的经验，它可以使我们少走弯路，避免重蹈日本的覆辙。

这 100 篇访谈录中，有许多登场人物在我国也是家喻户晓的著名企业家。其中，有索尼公司创始人井深大、日清食品公司创始人安藤百福、京瓷公司创始人稻盛和夫、华歌尔公司创始人冢本幸一以及丰田公司、本田公司、尼康公司、富士通公司原任及现任领导人等商界名流。他们用现身说法，讲述了在经济形势极其复杂而困难的情况下，如何带领公司摆脱困境，渡过危机，并抓住机遇将公司做大做强，发展成日本屈指可数的大企业的奋斗历程。如书中介绍了日本著名的马自达公司是如何从一度名列日本第二大亏损企业艰难脱困的艰辛历程。20 世纪 90 年代初，日本出现了泡沫经济。1995 年，马自达公司首度出现经营性巨额亏损，并一度名列日本第二大亏损企业，而亏损一直持续了 6 年。通过复兴计划，2002 年该公司终于摆脱了困境，走上了复兴的道路。

书中也介绍了一些原本是名不见经传的小企业在逆境中屡战屡败最终取得成功的艰苦历程，如生产日本"獭祭"清酒的日本旭酿酒公司。它原本只是山口县岩国市深山里的一家年销售额仅有 9700 万日元的穷酸造酒作坊，在总经理樱井博志的带领下，公司发展成为一家年销售额 120 亿日元的日本知名企业。他的成功诀窍是，"正是因为我敢于承认失败，才有机会改变了本公司的命运"。书中介绍的日本西浓运输公司成功与失败的经验教训，也许会对当前我国方兴未艾的快递业发展能有所帮助。"我们的客户千差万别，有希望早上收货的，也有希望晚上收货的，每位顾客的需求都不尽相同。为了适应各种不同类型的客户，送货员必须把自己负责区域客人的要求都记在脑袋里，努力迎合他们的每一个需求。所以，我们必须做到当送货员把货物送达时，让客人嘴里喊出的不是'大和运输来了'，而是让他们叫出每位送货员的具体名字，'某某来了'。""如果做生意只考虑自身方便，企业肯定经营不下去。我也有过对送货挑三拣四而导致经营失败的教训。""在运送货物时，大和运输最讲究的是速度、安全和服务。在这三者之中，最优先考虑的是速度。因为有了速度，才能抢先顺应时代的需求，在激烈的竞争中取胜。"

为了便于读者加深对本书的理解，我特意编辑了与本书有关的日本企业及个人的参考资料附于每篇访谈录后，希望能对大家有所帮助。

最后我想说，如果每位读者都能结合自身的工作特点以及个人的实际情况，阅读此书或者在遇到棘手问题时对照寻找解决方法，就一定会有所启迪，一定能找出自己心中的某种答案。

译者　任世宁

2021 年 1 月 10 日